COCO BERLIN
Body Love

arkana

Coco Berlin

BODY LOVE

Dein Körper ist der Schlüssel zur Selbstliebe

Das sinnliche Coaching mit
über 80 Übungen

arkana

Penguin Random House Verlagsgruppe FSC® N001967

1. Auflage
Originalausgabe
© 2023 Arkana, München
in der Penguin Random House Verlagsgruppe GmbH,
Neumarkter Straße 28, 81673 München
Lektorat: Diane Zilliges
Bildredaktion: Angelika Holdau
Illustrationen: © Georgia Camden
Umschlaggestaltung und Layout: ki36 Editorial Design, München, Daniela Hofner
Autorinnenfoto: Alex Baker
Umschlagmotiv: © Georgia Camden (Illustration),
© Creative Market: Laras Wonderland (Hintergrund)
Satz: Satzwerk Huber, Germering
Druck und Bindung: Alföldi, Debrecen
Printed in Hungary
ISBN 978-3-442-34302-7

www.arkana-verlag.de

INHALT

WILLKOMMEN ZU BODY LOVE, WILLKOMMEN ZU HAUSE!

Body Love wird dir helfen, in deinem Körper anzukommen und deine innere Kraft für dich zu entdecken. Du kannst hier dem ganzen Potenzial, das du bist, begegnen und dich aus deinem Innersten heraus frei entfalten. Was wir gemeinsam unternehmen werden, ist eine sinnliche und berührende Reise zu dir selbst.

Unser Körper ist kein Objekt, sondern ein lebendiger, weiser Organismus, der direkt und jederzeit mit unserer Seele und allem, was wir je erlebt, gefühlt oder gedacht haben, verbunden ist. Zusammen mit unserem brillanten Geist und unserer wilden Seele macht er uns zu dem, was wir sind – und was wir werden können. Denn wie jeder lebendige Organismus, sind auch wir immer im Werden.

Egal, was du jetzt noch über dich denkst und was du bisher erlebt hast: Mit dir ist nichts falsch, und es ist auch nicht zu spät. *Body Love* ist kein Selbstverbesserungsbuch, es ist ein Buch, das dich entdecken lässt, wer du wirklich bist. Es hilft dir, in deine volle Kraft zu kommen und dich aus dir selbst heraus voll zu entfalten. Mit Leichtigkeit, Neugierde und Vertrauen.

Unser Körper tut alles, damit es uns gut geht, doch wir fühlen uns von ihm getrennt und betrachten ihn fast immer nur von außen. Damit aber schneiden wir uns von unserer ureigenen Quelle der Kraft und Weisheit ab. Das ist nicht unsere persönliche Schuld, wir machen das nicht individuell, sondern kollektiv – und wir bestärken uns gegenseitig darin. Weil wir so tief in diesem Muster verhaftet sind, merken wir es nicht einmal. Man muss aus einem alten Denkmuster erst aussteigen, um es zu erkennen. Wie das geht, zeigt uns unser weiser Körper.

Body Love leitet dich mit praktischen Übungen an, wieder zu deinem Körper zu finden. Das kann in Sprüngen passieren, als würdest du eine Art körperliche Erleuchtung erfahren. Oder in kleinen Schritten, bei denen du dir selbst

Schicht für Schicht, Zelle für Zelle immer näherkommst, bis du dich endlich ganz »verkörperst«.

Du lernst, dich mithilfe deines wunderbaren Körpers von angelernten Selbstbildern zu befreien, die dich kleinmachen. So kannst du völlig aufblühen, aus deinen eigenen Wurzeln heraus. Du hörst auf, dem nachzujagen, von dem du denkst, dass du es sein solltest, und entdeckst deine einzigartige, wunderbare Essenz, die begraben wurde, als du konditioniert wurdest, brav zu sein. Alles, was du brauchst, ist Vertrauen und die unvoreingenommene Neugierde auf die Fülle in dir selbst.

Body Love wird dich in allen Höhen und Tiefen auf deinem Weg begleiten. Wenn du dich zusätzlich zum Buch mit mir und gleichgesinnten Frauen austauschen möchtest, findest du im Bonusmaterial. Zugang zu unserer Community: coco-berlin.com/de/bodylove.

Kennst du dich schon selbst?

Wenn du dich jetzt noch nicht mit Haut und Haaren liebst, liegt es daran, dass du dein wahres Selbst noch gar nicht kennst. Noch hast du keine Ahnung, wer du eigentlich bist und was da alles in dir steckt. Noch weißt du nicht, dass hinter qualvollen Gedanken, schmerzhaften Gefühlen, hinter Selbstboykott und Versagen, unbekannte, aber sehr weise und liebevolle Teile deiner selbst auf dich warten. Du lebst noch an der Oberfläche und begutachtest dich von außen. Dabei lässt du das, was in dir steckt, gar nicht erst ans Licht kommen. Die meisten Frauen haben Angst vor ihrem vollen Potenzial. Ihre unbändige Schöpferkraft ist tief in ihnen vergraben und macht nur mit unliebsamen Symptomen und unangenehmen Gefühlen auf sich aufmerksam.

Unsere Körper sind die größte ungenutzte Ressource auf dem Planeten. Die meisten Menschen verlassen das Leben, ohne ihre inneren Schätze erkannt zu haben. Mit Body Love hast du jetzt den Schlüssel zu deinen inneren Ressourcen in der Hand.

UNSER KÖRPER IST DER
SCHLÜSSEL ZU ALLEM,
WAS NOCH UNBEWUSST
UND UNREALISIERT IN
UNS SCHLUMMERT.

BODY LOVE.
EIN GESCHENK
AN DICH
SELBST

Menschen, die sich im eigenen Körper wohlfühlen und sich selbst lieben, haben Zugang zu ihren persönlichen Ressourcen und Kraftquellen. Sie leiden weniger unter Ängsten, Depressionen und Burnout und sind in Krisen resilienter. Body Love öffnet dich für eine intensive Liebesbeziehung mit dir selbst und ist auch der Schlüssel zu erfüllten Beziehungen, zu einem selbstbestimmten Leben und Erfolg nach deinen ganz eigenen Regeln.

Ohne unseren Körper könnten wir nicht sein. Er ist der Ort, an dem wir das Leben erleben. Er ist der Ort der sinnlichen Freuden und der tiefen Intimität mit uns und anderen. Wenn es ihm gut geht, sprühen wir vor Lebenskraft, wenn er krank wird, wird unser Leben zur Qual. Stirbt er, hört unser Leben, so wie wir es kennen, auf.

Doch wenn man sich anschaut, wie wir Menschen unsere Körper betrachten und traktieren, könnte man meinen, wir wären mit ihnen im Krieg. Da wird begutachtet, bewertet, kritisiert, gelobt und mit den unterschiedlichsten Methoden manipuliert. Wir wollen ihn optimieren, damit er unserem Ideal an Gesundheit, Leistung und Aussehen entspricht. Wir dosieren, was wir ihm wann zu essen geben. Wir versuchen, ihn möglichst vorteilhaft zu dekorieren und seine vermeintlichen Nachteile zu kaschieren. Der Körper wird mit Workouts malträtiert, zu denen wir uns zwingen müssen, damit er in Form bleibt und nicht aus dem Leim geht. Kaum jemand zeigt sich heute ohne Filter auf Social Media und die Zahl der invasiven Schönheitsprozeduren und -operationen steigt von Jahr zu Jahr.[1] Dabei werden die Patientinnen immer jünger.[2] Der Körper scheint uns von Natur aus faul und gefräßig, ohne Willensanstrengung läuft nichts. Niemand scheint zufrieden zu sein, mit dem, was er von der Natur mitbekommen hat, und erst recht nicht mit dem, was die Zeit daraus macht. So sollen wir nun den Rest des Lebens verbringen? In einem ewigen Kampf?

Von mir ein ganz klares Nein. Genau deshalb gibt es dieses Buch. In Body Love geht es weder darum, deinen Körper durch körperliche Übungen zu verändern, noch darum, dich mental zu verbiegen, damit du ihn schließlich schön findest. Dieses Buch ist anders. Es führt dich Schritt für Schritt nach Hause. Du wirst anfangen, tatsächlich in deinem Körper zu landen und in ihm zu leben. Du wirst ihn von innen kennenlernen und darin ganz neue Dinge über dich als Lebewesen und Persönlichkeit erfahren. Du wirst deine innere Weisheit und Stärke entdecken und sehr viele überraschende Seiten an dir kennenlernen, zu denen du nur durch deinen Körper Zugang hast. Body Love ist dein Begleiter auf deinem Weg, dich auf dich selbst einzulassen, dir selbst immer mehr zu vertrauen und mit allen Aspekten deiner selbst innige Freundschaft zu schließen. Body Love öffnet deine Sinne, damit du deine Lebendigkeit direkt erfahren kannst. Es zeigt dir einen ungewöhnlichen, aber sehr effektiven Weg zur Entfaltung deines vollen Potenzials.

Ich weiß, das hast du schon oft gehört, aber diesmal ziehen wir die Sache ganz anders auf. Diesmal werden wir nicht mit dem Geist einen Weg vorgeben und dem dann folgen, notfalls auch mit viel Disziplin und Anstrengung. Nein, wir werden dem Schatz, mit dem wir leben, neu und auf Augenhöhe begegnen. Das erfordert Umdenken (oder Umfühlen) und das Loslassen von alten Konzepten,

UNSER KÖRPER IST EIN SCHATZ, EIN LEBENDIGER ORGANISMUS VOLLER NOCH NICHT WISSENSCHAFTLICH ERKLÄRBARER MYSTERIEN.

aber dann wird dein Leben so viel leichter! Und vor allem halten die Effekte an. Der ewige Kampf, in dem sich die meisten Menschen befinden, wird aufhören. Er weicht einer liebevollen Intimität mit dir – wahrer Selbstliebe.

FRIEDEN MIT DIR SELBST

Wenn du dieses Buch in der Hand hältst, hast du sicher schon einiges probiert, um deine Beziehung zu dir selbst und zu deinem Körper zu verbessern. Du hast meditiert, entspannt, positiv gedacht, Schattenarbeit betrieben, dein inneres Kind getröstet ... Aber irgendwie landest du immer wieder vor den gleichen Problemen. Es scheint keinen wirklichen Frieden zu geben. Immer wieder tauchen neue Baustellen auf.

Das Problem ist der Ansatz: Solange wir vom Geist aus eine Idee entwickeln, wie wir sein sollen, und dann alles daransetzen, um das, was nicht in unser Idealbild passt, wegzubekommen, gibt es keinen Frieden. Die Seiten in dir, die du nicht magst, das bist auch du, das sind von dir ungeliebte Teile deiner selbst. Wenn du sie weghaben willst, spüren sie das und es entstehen tiefe innere Verletzungen. Diese ungeliebten Teile können so nie heilen. Sie werden immer unterschwellig mitlaufen, dir den Spiegel vorhalten und dir das Leben schwer machen. Du wirst immer im Krieg mit dir sein, in deinem Geist und in deinem Körper: ohne wirkliche Begegnung mit dir selbst. Innerlich einsam.

Unser Körper ist der Ort, an dem wir unsere Emotionen spüren und wo wir natürlicherweise Zugang zu unseren Instinkten und unserer Intuition, dem berühmten Bauchgefühl bekommen. Nur wenn wir unseren Körper verstehen und uns in ihm sicher fühlen, können wir auf all unsere Ressourcen zugreifen und ein erfülltes Leben führen. Wenn wir nur im Kopf leben, fühlen wir uns haltlos und entwurzelt. Wenn wir in unserem Körper ankommen, erleben wir uns als stark, präsent und zu allem fähig. Doch weil wir so entfremdet sind, ist es ein Prozess, in den Körper zu kommen – ein Prozess, der Hingabe erfordert. Es ist kein Quick fix, aber es macht große Freude, ist effektiv und nachhaltig.

Unsere Gefühle spielen dabei eine enorme Rolle. Die meisten von uns versuchen, negative Emotionen zu vermeiden, weil sie nicht gelernt haben, mit ihnen umzugehen. Wir sind schlichtweg nicht in der Lage, die hohen Spannungen dieser Gefühle im Körper zu halten. Wir versuchen, diesen unangenehmen Empfindungen auszuweichen, indem wir sie unterdrücken oder bestimmten Situationen und Herausforderungen, die unangenehme Emotionen auslösen könnten, ganz aus dem Weg gehen. Damit geben wir allerdings unsere Kraft und Handlungsfähigkeit aus der Hand. Das schränkt uns ein. Es entfremdet uns von uns selbst und verhindert unsere freie Entfaltung.

Gefühle zu unterdrücken fordert zudem eine Menge Energie. Deswegen fühlen wir uns oft matt und kraftlos. Wenn wir lernen, mit allen Gefühlen umzugehen und auch die über Jahre unterdrückten Emotionen ans Licht zu holen, wird eine Menge Lebensenergie für uns frei.

Die Übungen in Body Love zeigen dir Möglichkeiten, auch unerwünschten Emotionen wie Wut, Angst und Trauer nicht aus dem Weg zu gehen, sondern ihnen mit der inhärenten Weisheit deines Körpers zu begegnen. Du kannst sie so als Katalysatoren für dein inneres Wachstum und deine persönliche Entfaltung nutzen. Die Fähigkeit, mit allen Emotionen und ihrer Intensität umzugehen, befähigt dich, auch positive Emotionen wie Freude, Liebe und Begeisterung in ihrer vollen Kraft zu empfinden und dich lebendiger, vitaler und kreativer zu fühlen. Dabei beginnst du, angelernte Verhaltensmuster hinter dir zu lassen und über alte Selbstbilder hinauszuwachsen.

Du lernst dich besser kennen und baust eine vertrauensvolle Beziehung zu dir auf, in der auch vergrabene Gefühle und Traumata verarbeitet werden können. Dabei ist dein Körper dein Partner und dein Guide. Viele dieser Emotionen, Blockaden und Verspannungen werden sich durch die genussvollen und sanften Übungen über die körperliche Ebene auflösen, ohne dass du sie analysieren musst. Dein Erleben und dein Leben kommen so wieder in Fluss.

So wird dein Körper zum wahren, sicheren Zuhause, in dem du dich bedingungslos wohlfühlen kannst. Aus diesem Selbstverständnis heraus kannst du in der Welt frei agieren.

Body-Love-Spirale: In inniger Verbindung mit uns selbst wachsen.

WIE DIESE METHODE ENTSTAND

Meine Selbstliebe- und Embodiment-Reise begann in meiner Kindheit. Ich stand von klein auf »neben mir«, immer dissoziiert, in Tagträume und später Bücher vergraben. Ich hatte Probleme, im Leben anzukommen und Anschluss zu finden. Meine Kindheit war von Gewalt geprägt, und ich hatte früh gelernt, mich aus meinem Körper zu beamen, um dem Schmerz zu entgehen. Ich lebte wie hinter einer Wolkendecke, alles kam mir unreal vor und ich verstand nicht, was die anderen Menschen bewegt. So war ich zwar in gewisser Weise unangreifbar, schwebte über allem, aber innerlich einsam und verzweifelt. Ich hatte Angst, verrückt und lebensunfähig zu sein. Heimlich sehnte ich mich nach Liebe und nach Zugehörigkeit.

In diesem Leid gab es aber auch immer wieder Augenblicke, die mir Hoffnung auf eine bessere Welt irgendwo da draußen gaben. Das waren Momente, in denen ich Tänzer sah oder Musik hörte. Sie lösten in mir Emotionen aus, die ich als meine ureigenen erkannte. Heute weiß ich, dass sie mir halfen, meine Seele zu spüren. Sie entfesselten in mir eine Sehnsucht, eine Vorahnung, ja geradezu eine Vorfreude. Wie ein Silberstreif am Horizont halfen sie mir durchzuhalten.

Diesem Silberstreif folgend experimentierte und tanzte ich zunächst in meiner eigenen Welt, gelangte dann zu Ballett und Yoga, dann zum Bauchtanz, um später als professionelle Tänzerin zu Körperarbeit und schließlich zur Körper-Psychotherapie zu finden. Schritt für Schritt erkämpfte ich mir den Zugang zu meinem Körper und zugleich zu einem selbstbestimmten Leben voller Verbundenheit, Leidenschaft und Abenteuer. Auf meinem Weg habe ich intuitiv sehr effektive Übungen für mich entwickelt, die ich so in der Art später auch in der körperorientierten Traumatherapie wiederfand.

Bevor es so weit war, hatte ich ziemlich zu leiden. Wie viele traumatisierte Kinder hatte ich die Täter internalisiert und mit einem enormen Selbsthass und der damit einhergehenden Verzweiflung gelebt. Kinder, die Trauma erfahren, werden zudem oft Opfer von Ausgrenzung und Mobbing. Das war bei mir nicht anders. Ich hatte zudem oft mysteriöse Angstzustände und spirituelle Erlebnisse, die mich weiter an meiner geistigen Gesundheit zweifeln ließen.

Meine Reise zu mir selbst war zwar wunderbar erfüllend, aber sie war auch lang. Obwohl ich mich als professionelle Tänzerin und Tanzlehrerin tagein, tagaus mit Embodiment beschäftigte, fiel es mir nicht leicht, in meinem Körper anzukommen und da längere Zeit zu bleiben. Doch jeder noch so kleine Schritt eröffnete mir eine neue Welt. Immer mehr Schutzschichten und Krusten fielen von mir ab, begleitet von großen Emotionen und Tränen. Ein wahrer Durchbruch kam, als ich den Beckenboden für mich entdeckte. Ihn in meine Tanzmethode zu integrieren, hat mich geerdet und mir ein tiefes Gefühl der Sicherheit und des Zuhauseseins auf der Welt gegeben.

Mein Beispiel zeigt die Möglichkeiten, die wir alle haben, wenn wir anfangen, unseren Körper zurückzuerobern. Alles, was mir geholfen hat, endlich bei mir und im Leben anzukommen, teile ich seit 2006 mit Frauen in meinen Kursen und Ausbildungen. Ihre strahlenden Gesichter und ihre tiefen Transformationen bestätigen immer wieder, dass unsere Körper die Antworten auf die Probleme und Symptome unserer modernen Gesellschaft kennen. Und es muss nicht schwer sein, an diese Antworten zu gelangen. Sinnliches Embodiment, das du hier bei Body Love findest, bringt schon auf dem Weg dorthin pure Freude, Leichtigkeit und Genuss.

Dieses Buch enthält die wichtigsten Erkenntnisse und Tools, die ich seit meiner Kindheit für mich entdeckt und in zahlreichen Ausbildungen und meiner Forschung mit Tausenden von Frauen entwickelt habe. Es fußt auf der intuitiven und der wissenschaftlichen Arbeit von vielen, vielen Menschen vor mir, auch wenn es mir oft wie ein Download vorgekommen ist. Wir sind alle Teil von einem großen Ganzen, das alle Weisheit für uns enthält. Deswegen spüren wir die Wahrheit in unserer Seele und somit in unserem Körper. Es ist unser inhärentes Wissen, zu dem wir alle über unsere Körper Zugang haben.

Einige finden es intuitiv, die meisten brauchen Hilfe. Die einen haben es durch die Umstände, in denen sie leben, einfacher, andere schwerer. Einige sind so davon besessen, die existenziellen Fragen für sich zu klären, dass sie es zu ihrem Beruf machen, und andere können dann wiederum davon profitieren. Dieses Buch soll dir den direkten Zugang möglichst einfach machen.

Selbstliebe ist magisch

Selbstliebe lässt sich nicht intellektuell meistern. Wenn es um Selbstliebe und Selbstbewusstsein geht, geben uns die gängigen Übungen wie Affirmationen oder Positives Denken nur ein kurzzeitiges High, auf Dauer entfernen sie uns unbemerkt weiter von uns selbst. Denn der Blickwinkel ist das Problem. Die Art, wie wir uns und unseren Körper betrachten und wie wir uns an das »To-do« der Selbstliebe machen, ist von Nichtakzeptanz geprägt. Solange wir aus einer Unzufriedenheit heraus agieren und uns selbst als »Baustelle« betrachten, werden wir nicht aus dem ewigen Kreislauf des »noch nicht gut genug« aussteigen können.

Selbstliebe lässt sich nicht erzwingen. Sie ist, wie alle Liebe, ein körperlich erlebter Zustand, der sich von ganz allein einstellt, wenn wir die passenden Verhältnisse schaffen. Selbstliebe ist keine Handlung, sie ist ein Wunder, das wir zulassen oder eben auch verhindern können. Selbstliebe entsteht, wenn wir uns wirklich spüren und uns authentisch und offen begegnen. Wenn wir uns auf uns selbst einlassen, uns wirklich kennenlernen und eine innige Beziehung zu uns aufbauen. Dann ist sie ein unumstößliches, inneres Wissen, das in uns aufkommt. Und es gibt keinen Weg zurück.

Wie entsteht eigentlich Selbstliebe? Liebe ist aus wissenschaftlicher Sicht immer noch ein unerklärliches Phänomen. Eines der vielen Mysterien im Leben. Doch aus spiritueller Sicht ist es ganz einfach: Liebe ist eine Energie, die durch uns alle strömt, wenn wir es denn zulassen. Wenn wir sie nicht blockieren oder versuchen, sie zu greifen. Dieses Greifen ist für uns Menschen ganz normal, es ist eine Angewohnheit, ein Schutzmechanismus, der aufgrund von verletzenden Erfahrungen in frühester Kindheit entstand und unser Überleben als kleines Wesen sichern wollte. Einige dieser Mechanismen sind für uns heute immer noch notwendig, andere können wir getrost loslassen. Schlussendlich werden wir, wenn wir den Weg zu uns selbst kontinuierlich verfolgen, nach und nach alle Blockaden loslassen und komplett frei werden.

Doch das darf nicht das Ziel sein, denn dann würden wir wieder festhalten. Der Weg ist das Ziel, und die Richtung ist das tiefe Spüren und die Akzeptanz, die Neugierde auf uns, die Neugierde auf was ist. Der Druck, sich selbst lieben zu müssen, kann zu Widerstand in uns führen und zu dem Gefühl, bei etwas so vermeintlich Selbstverständlichem versagt zu haben. Leistungsdruck aber macht ein freies Entstehen von Selbstliebe unmöglich. Wir blockieren uns damit selbst.

Doch die gute Nachricht ist: Wirklich jede und jeder kann Selbstliebe in sich erleben. Durch die sinnlichen Übungen hier im Buch ist es ein Genuss, und es kann überraschend schnell gehen. Es geht nur nicht auf Knopfdruck und mit einem festen Endziel im Kopf.

Selbstliebe muss sich entfalten dürfen. Dafür müssen wir uns erlauben, uns zu entfalten, und zwar ganz, mit all unseren Seiten und Bedürfnissen, mit unserer ganzen Menschlichkeit. Um Selbstliebe überhaupt erst möglich zu machen, müssen wir das Ziel der Selbstliebe loslassen und uns erlauben, uns erst mal nicht zu lieben. Vor der Selbstliebe steht die Bereitschaft zu Selbsterkenntnis und Selbstakzeptanz, und zwar auf allen Ebenen. Wir müssen uns alles in uns anschauen, alles zulassen, alles akzeptieren, auch die Seiten, die wir an uns selbst nicht mögen, und die Seiten in uns, die wiederum diese Seiten in uns selbst nicht lieben wollen oder können.

Dafür brauchen wir Bereitschaft zu Offenheit und Neugierde. Ich sage bewusst »Bereitschaft zu Offenheit«, weil auch die Offenheit nicht einfach so kommt. »Öffne dich doch, mach dich mal locker, sei nicht so perfektionistisch!« Solche gut gemeinten Ratschläge sind Hindernisse und Stressoren auf dem Weg zu einer wirklich offenen und irgendwann liebevollen Beziehung zu uns selbst, weil sie das, was wir jetzt sind, nicht akzeptieren.

DIE POWER DIESES BUCHES

Der einfachste Weg zur Selbstliebe geht durch den Körper. Warum das so ist, wirst du im Laufe des Buches am eigenen Körper erfahren. Ich habe dafür Übungen zusammengetragen, die mir, meinem Team und Tausenden Frauen geholfen haben, ihren Körper zu lieben, ihn zu genießen und ganz bei sich anzukommen – oder zumindest ziemlich nah bei sich.

Alle Body-Love-Übungen werden dich beinahe unmerklich Schritt für Schritt dabei begleiten, alte Verhornungen, Verfilzungen oder ganze Dämme abzubauen. Es kann zu einer zutiefst spirituellen Erfahrung werden, muss es aber nicht. Du musst an nichts glauben, damit das Buch seine Wirkung entfaltet.

Wir gehen hier anders vor als die Body-Positivity-Bewegung. Deren Problem ist, dass sie sich weiterhin darauf fokussiert, wie wir aussehen. Dabei wird der eigene Körper weiterhin objektifiziert. Wir sehen ihn als etwas, das wie neben »uns« existiert, als etwas, das wir besitzen und zeigen – und nicht als etwas, das wir auch sind.

Unser Körper ist kein Objekt, er ist der sinnliche Ort, an dem wir unser Leben erfahren. Ihn bewusst zu bewohnen und zu genießen ist der Schlüssel zum Einklang mit dir selbst. Wahre Selbstliebe geht nur mit und durch den Körper. In Body Love wirst du mit genussvollen Übungen auf eine Reise in deinen eigenen Körper begleitet. Wir stärken deine innere Kommunikation, du lernst, mit dir selbst in Verbindung zu treten und zu bleiben, dich selbstsicher zu bewegen und frei zu agieren. Die revolutionäre Methode basiert auf meiner eigenen Reise vom dissoziierten Kind zur verkörperten Frau, auf der ich seit über vierzig Jahren forsche und lerne und die ich seit fast zwanzig Jahren mit Tausenden von Frauen geteilt habe. Alles wird von aktuellen wissenschaftlichen Erkenntnissen unterstützt.

Body Love ist mit Übungen und Werkzeugen gespickt, die Selbstliebe direkt erlebbar machen und dein Leben sofort und nachhaltig bereichern. Die Übungen sind sinnlich, alltagstauglich und wirken sich direkt spürbar auf deine emotionale Gesundheit und deine Fähigkeit zur Selbstliebe aus.

Mach die Übungen am besten gleich mit, sobald sie im Text auftauchen, und markiere dir deine Lieblinge für später. Sie sind zu dem Zweck deutlich hervorgehoben und hinten im Buch noch mal aufgelistet. Der Weg ist wirklich das Ziel. Das ist keine Plattitüde, sondern die ganz wichtige Basis. Bei Body Love ist die Art, wie du übst, die eigentliche Übung. Mach es nicht, um anzukommen, sondern um den Prozess zu genießen. Es geht um die Kultivierung einer lebenslangen intimen Beziehung mit dir selbst. Einer wahren Liebesbeziehung mit allem Drum und Dran. Dabei wirst du dich selbst in allen Facetten kennenlernen und dich noch ziemlich überraschen.

Die meisten Menschen kaufen sich Bücher wie dieses oder machen Ausbildungen und Kurse, um etwas an sich zu ändern und dann endlich das Leben zu leben, das sie möchten. Sie denken, sie müssten nur noch eine Technik lernen, nur noch diese paar Probleme aus ihrem Leben schaffen, bis sie endlich anfangen können, das Leben zu leben, das sie sich wünschen. Doch die Wahrheit ist: Es gibt kein Ankommen, es gibt kein Happily Ever After, denn das Leben ist ein Weg.

Wenn es dir mit Body Love gelingt, deinen Blickwinkel zu ändern, wirst du diesen Weg aber aus vollem Herzen lieben. Dann ist es kein steiniger Pfad der Entbehrung, dann ist es ein Weg durch magische Landschaften, sinnliche Freuden und viele Abenteuer. Mit den Body Love Tools wirst du alles, was dir in deinem Leben begegnet, mit ganz anderen Augen sehen. Du wirst dich und das Leben als Mysterium begreifen und dich an seinem Zauber erfreuen können. Das ist wahre Lebenskunst, das ist wahre Resilienz.

Die ständige Selbstverbesserung kann geradezu eine Sucht und damit eine Flucht vor unserem wahren Selbst sein. Mach dich nicht verrückt mit dem Streben nach Glück, sondern entspann dich in deine Reise hinein. Dein wahres Selbst ist es wert. Die wenigsten werden sich dieses Buch gekauft haben, weil sie unheimlich neugierig auf sich selbst sind. Die meisten Menschen in unserer Gesellschaft wollen Probleme überwinden und dann endlich ankommen. Für die meisten von uns ist das Leben ein Kampf, den wir nur aushalten, weil wir glauben, dass es dort drüben, wo das Gras grüner ist, endlich inneren Frieden gibt.

Das ist nicht schlimm, so werden wir erzogen, und so funktioniert alles in unserer westlichen und äußerlich erfolgreichen Welt. So konditioniert hast du wahrscheinlich schon unheimlich viel geleistet und geschafft. Aber dennoch bist du nicht zufrieden. Dennoch weißt du, dass es noch etwas anderes gibt. Und da liegst du richtig.

Verändere deinen Blickwinkel

Ich sehe es in unseren Ausbildungen, aber auch in all den Ausbildungen, die ich selbst besucht habe. Großartige und erfolgreiche Therapeuten, Coaches und spirituelle Lehrer hängen immer noch in der Spirale: Sie lernen diese neue Methode nur, um sich endlich zu reparieren. Und wenn sie schon etwas älter sind, fragen sie sich: Ich mache das nun schon so lange, wann komme ich endlich an? Warum habe ich immer noch so viele Probleme?

Die Antwort liegt auf der Hand: Sie beschäftigen sich nur mit sich selbst, um ihre Blockaden, also letztlich sich selbst, zu überwinden. Sie sind nicht an einer echten Begegnung mit ihrem unbekannten verrückten Selbst interessiert. Sie wollen ihre Schatten und ihre inneren Kritiker nur kennenlernen, um sie endlich zu heilen (was oftmals heißt: »wegzumachen«) und dann endlich zu leben. Doch so läuft das nicht. Solange du dich selbst fixen willst, so lange werden sich die Teile, die du fixen willst, von dir nicht akzeptiert fühlen, sich bei dir nicht sicher fühlen und dir bei deinem Traum vom ewigen inneren Frieden immer wieder Beinchen stellen. Und das zu Recht. Denn du bist noch ignorant, du hast das Wesentliche noch nicht begriffen. Du hast die Lektionen, die sie für dich haben, noch nicht gelernt.

Solange du dich dir selbst nur aus der Nichtakzeptanz näherst, wirst du nie ankommen. Aber keine Sorge! Unser weiser Körper kennt den Weg. Und er kennt uns von Kopf bis Fuß, auch alle unbewussten, verdrängten und vergessenen Dinge unseres Lebens. Wenn wir mit ihm in Kontakt kommen und eine tiefe intime Freundschaft aufbauen, steht uns unser ganzes Potenzial zur Verfügung. Genau dazu laden dich die folgenden Kapitel ein.

DICH SELBST NACH HAUSE BEGLEITEN

Vielen Frauen fällt es schwer, ihren Körper oder bestimmte Körperteile zu spüren. Geht es dir auch so? Du kannst davon ausgehen, dass es dafür gute Gründe gibt. Dein Körper hat Dinge gespeichert, die dich früher überfordert hätten, und er lässt sie nur an die Oberfläche, wenn du so weit bist. Je mehr du mit Body Love reifst und als Frau in deine Kraft kommst, desto besser wirst du mit allem umgehen können, was du bisher erlebt und unverarbeitet gespeichert hast. Wir gehen behutsam vor, und dein Körper wird sich dir immer mehr offenbaren und anvertrauen. Der Körper ist weise und zeigt dir nur, was sich für ihn sicher anfühlt. So kannst du dich selbst Schritt für Schritt nach Hause begleiten.

Stell dir vor, du hast einen Partner, den du über alles liebst, du bist immer für ihn da und würdest alles für ihn tun. Du hast bereits mehrmals dein Leben für ihn riskiert und tust alles, um ihm ein glückliches und gesundes Leben zu ermöglichen. Dein Partner weiß dich zu schätzen, er verbringt viel Zeit mit dir, ist aber meist von anderen Dingen und Leuten abgelenkt. Dennoch bewunderst du ihn. Er ist intelligent, ambitioniert und hat viele aufregende Pläne für euch. Er mag dich, insbesondere für all die Dinge, die du für ihn tust, aber er hat auch eine Menge an dir auszusetzen. Er ist eben ein Perfektionist. Dir hingegen scheint alles gut genug zu sein, du hast dich noch nie über ihn beschwert.

Innerlich bist du oft einsam. Du fühlst dich nicht gesehen und nicht geliebt. Du versuchst, dir die Liebe übers Essen zu holen, doch innerlich weißt du, dass es dafür noch mehr Kritik von deinem Partner hageln wird. Er findet dich eigentlich immer zu dick und ärgert sich, wenn er dich beim Essen sieht.

Du liebst Bewegung, und du liebst die Natur, du hungerst geradezu danach zu tanzen, aber das findet dein Partner nicht so effektiv, um wirklich fit zu sein. Er denkt, dass ihr beide im Fitnessstudio am ehesten Resultate erzielt. Er will, dass ihr zusammen super aussieht, ein richtiges Power Couple. Aber er hat keine Zeit und Lust, mehr als eine halbe Stunde am Tag mit Fitness zu verbringen, deswegen geht ihr ins Fitnessstudio. Dort kann man am effektivsten trainieren und das Beste: Man kann die Fortschritte messen. Das motiviert deinen smarten Partner.

Du selbst hasst den Gang zum Fitnessstudio, die Monotonie, den Drill, die Aufgaben und Befehle. Weil du davon schon ziemlich erschöpft bist, hast du eigentlich keine Lust, noch irgendwas zu tun. Du lässt dich zum Sport schleppen und machst gute Miene zum bösen Spiel, lächelst deinen Partner gequält an, während er dich mit einem vermeintlich liebevollen »Du schaffst das schon« motiviert. Innerlich aber verdreht er die Augen, weil du so ein Loser bist, und du spürst das ganz genau.

Du weißt, dass er sich lieber mit anderen trifft als mit dir und dich einfach nur aus Pflichtgefühl mitnimmt. Vor Ort lässt er dich gar nicht zu Wort kommen und überschreitet ständig deine Grenzen. Er macht sich oft über dich lustig. Bekommst du mal ein Kompliment, schlägt er das direkt aus. »Die? Nein, die ist doch fett, und da auf der Stirn hat sie schon Falten!« Alle Fotos, die er von euch beiden macht, werden sorgfältig retuschiert, bevor er sie auf Social Media postet. Man könnte meinen, er schämt sich für dich. In letzter Zeit benutzt er sogar für Videos Filter, die dich ganz anders erscheinen lassen, als du wirklich bist. Er scheint dich wirklich zu hassen, und du weißt, dass das im Alter nicht besser wird.

So intelligent dein Partner ist, so überheblich ist er auch, nie zieht er deine Meinung in Betracht, obwohl du doch die bessere Beobachterin von euch beiden bist. Du hast ein viel besseres Gedächtnis und auch eine größere Menschenkenntnis, du kennst nicht nur all die Gedanken und geheimen Wünsche und Träume deines Partners, sondern kannst auch die der anderen spüren oder aus deiner großen Erfahrung extrapolieren. Doch er hört dir nicht zu. Es gab schon so viele Erlebnisse, wo euch die Arroganz deines Partners in gefährliche Situationen gebracht hat, zum Beispiel das eine Mal, als ihr mit einem coolen Typen, den ihr auf einer Party kennengelernt habt, noch auf eine Privatparty gegangen seid. Du wusstest, dass er nichts Gutes im Schilde hatte, aber dein Partner fand dich einfach nur uncool. Er sagte: »No risk, no fun, du langweiliger Sack, sei nicht so spießig.« Auf der Party hat man euch etwas in den Drink gemixt, und ihr habt euch am nächsten Morgen ausgeraubt und vergewaltigt auf der Straße wiedergefunden. Das war ein ziemliches Trauma. Dein Partner hat sich nicht bei dir entschuldigt und versucht, alles zu verdrängen. Er hat sich deine intimen Verletzungen nicht angeschaut, ist nicht zum Arzt gegangen und du durftest noch nicht einmal mit jemandem darüber reden. Jedes Mal, wenn du versucht hast, das Thema anzusprechen, damit ihr beide es verarbeiten könnt, hat er dir einfach eine Schmerztablette in den Mund geschoben. Er hat sich dafür geschämt und es niemals jemandem erzählt. Du bist immer noch traumatisiert und einsam. Deswegen hast du auch gar keine Lust auf Intimität mehr und versuchst sie zu vermeiden.

Euer Leben ist ziemlich stressig, ihr arbeitet beide viel und er lässt euch kaum Zeit, zur Ruhe zu kommen. Selbst wenn er nicht arbeitet, macht er sich ständig Gedanken und Sorgen. Dauernd wird auch an dir rumgenörgelt. Du hast schon seit Langem kaum eine Nacht durchgeschlafen.

Zu all dem Stress wünscht er sich seit einigen Jahren ein Kind. Doch du weißt, dass das keine gute Idee ist, damit wärt ihr beide absolut überfordert. Du kommst ja jetzt schon kaum zur Ruhe und bist dir sicher, dass du nicht genug Ressourcen für die ganze Verantwortung haben würdest. Du funktionierst ja jetzt schon im Überlebensmodus. Weil er dir gar nicht zuhört und nicht an Lösungen interessiert ist, stellst du dich einfach quer – und er meckert über deine Unfruchtbarkeit. Eine weitere Enttäuschung in seinem Leben.

Hört sich das an wie eine Beziehung mit einem Narzissten? Einem Psychopathen? Warum verlässt sie ihn nicht? Sie kann nicht, sie ist vollkommen von ihm abhängig. Sie ist der Körper, er der Geist. Und ohne Geist kann der Körper nicht leben.

JOURNALING: MEINE BEZIEHUNG MIT MEINEM KÖRPER

Wenn du die Beschreibung dieser Beziehung liest, wie ist das für dich?

1. Was ist das für ein Leben, das da beschrieben wird?
2. Was denkst du über so eine Beziehung?
3. Hat dich etwas an deine Beziehung zu deinem Körper erinnert?
4. Oder an eine andere Beziehung in deinem Leben? Aus deiner Kindheit vielleicht? Da gibt es oft Parallelen.
5. Beschreibe deine ideale Beziehung zu deinem Körper.
6. Was würdest du deinem Körper gern sagen? Leg eine Hand auf deine Brust und sag es.

So laufen wir herum, amputiert von unserer besten Freundin; um die intimste Beziehung, die wir haben können, geprellt. Innerlich einsam, meist ohne es wirklich zu wissen. Wir haben unsere Kraft abgegeben, nach außen ausgelagert. Aber niemand wird jemals so sehr für uns da sein wie unser Körper.

Nicht jede von uns wird so ein desolates Verhältnis zu ihrem Körper haben, wie ich es eben beschrieben habe. Aber nach meiner Beobachtung in der Arbeit mit vielen Frauen würde ich sagen, es ist oft ähnlich. Gerade Frauen, die viel leisten, leiden sehr – oft ohne es zu merken –, bis ihr Körper aufgibt. Es braucht daher eine völlig neue Beziehung zu dir selbst. Zu deinem Körper. Folgst du den Übungen in diesem Buch Schritt für Schritt, wirst du diese Beziehung und damit die Liebe deines Lebens erfahren.

SELBSTLIEBE: ALLES ANDERE ALS EGOISTISCH

Die Beziehung, die du mit dir selbst führst, ist die wichtigste in deinem Leben. Das ist kein Kalenderspruch. Die Art, wie du mit dir selbst umgehst, bestimmt, wie du mit anderen umgehst. Die Intimität, die du mit dir eingehst, entscheidet, wie nah du andere an dich heranlässt. Nur wenn du dir selbst unvoreingenommen mit Liebe und Neugierde begegnen kannst, bist du in der Lage, gesunde und starke Beziehungen mit anderen aufzubauen. Wenn du dir selbst fremd bist, werden dir auch die anderen befremdlich bleiben.

Du musst nicht perfekt sein, um gute Beziehungen zu dir und zu anderen zu leben. Du musst nur bereit sein, aufzuwachen und dich selbst und die Welt mit klaren Augen und einem klaren Herzen zu sehen. Du musst bereit sein, unbequeme Gefühle zu fühlen, dir alles anzuschauen und nichts zu unterdrücken. Gute Beziehungen sind auf Ehrlichkeit und Offenheit aufgebaut. Auf möglichst viel Authentizität.

Wie oft wünschen wir uns, unsere Eltern hätten Zugang zu Therapie und Heilung gehabt. Sich mit sich selbst zu beschäftigen ist nichts Eitles. Sich selbst zu verstehen bildet die Grundlage dafür, andere zu verstehen. Es verändert grundsätzlich, wie wir die Welt sehen und wie wir in ihr agieren. Wenn du dich mit deinem Körper verbindest und so in deine Kraft kommst, deine Wunden heilst, emotional resilienter und weiser wirst, wirst du nicht nur wirksamer in der Welt. Du wirst andere weniger verletzen, kannst ihnen wirklich helfen und sie allein durch dein Sein und Wirken inspirieren. Das hat einen Effekt auf die ganze Gesellschaft. Lass uns in diesem Sinne die ersten Übungen probieren.

DER GRAD DER INTIMITÄT,

DEN DU MIT DIR SELBST

EINGEHST, ENTSCHEIDET,

WIE NAH DU ANDERE AN

DICH HERANLÄSST.

ICH BIN HIER

Diese erste Übung bringt dich schon ganz zu dir. Sie ist für die meisten Frauen sehr berührend. Wenn du am Anfang noch nichts Besonderes spürst, wiederhole sie später noch einmal, nachdem du mit den anderen Übungen mehr Feingespür entwickelt hast.

1. Mach es dir im Sitzen oder Liegen bequem. Die Haltung ist ganz egal, und du kannst sie während der Übung auch verändern. Stell dir einen Timer auf fünf Minuten, später kannst du die Zeit ausdehnen.
2. Leg deine Hände liebevoll auf deinen Körper und sag dir: »Ich bin hier.« Spüre, wie dein Geist immer tiefer in deinen Körper einsinkt, und wiederhole diesen Satz immer wieder: »Ich bin hier.« Sinke dabei immer tiefer in dich hinein.
3. Lass alle Emotionen und Gedanken, die dabei auftauchen, einfach aufkommen, ohne sie zu analysieren. Bleib bei dir und bei dieser Übung. So kommst du in die Tiefe.
4. Wenn du möchtest, probiere folgenden Satz: »Ich bin hier zu Hause.« Oder schau, welche Sätze sich für dich heilsam anfühlen. Du bist die Expertin für deinen Körper.

Diese Übung ist großartig zum Einschlafen, aber auch, wenn du dich im Alltag mal gestresst und überfordert fühlst. Sobald du sie einmal im System verankert hast, brauchst du dir innerlich nur den Satz zu sagen und er bringt dich wieder zu dir zurück.

ICH LIEBE DICH

Auch diese Übung ist sehr berührend. Wenn sie dir am Anfang schwerfällt, kannst du in dein Tagebuch schreiben, warum es dir schwerfällt, wie sich das anfühlt und was dabei in dir vorgeht. Wiederhole die Übung dann am Folgetag oder schiebe sie auf und komm wieder darauf zurück, wenn du mehr mit Body Love gearbeitet hast. Jeder Schritt ist ein wichtiger Schritt, und du weißt, welcher für dich jetzt der richtige ist.

1. Stell dir einen Timer auf fünf Minuten.
2. Leg dich bequem hin. Leg dann eine Hand auf deinen Venushügel und die andere irgendwo auf deine Brust oder Schulter, da wo es sich bequem anfühlt. Wenn du deine Hand nicht entspannt auf den Venushügel legen kannst, kannst du in die Seitenlage gehen oder die Hand weiter oben platzieren.
3. Spüre, wie du dich so fühlst.
4. Sprich nun zu deinem Körper/zu dir selbst: »Ich liebe dich.«
5. Spüre nach und wiederhole den Satz, bis sich dein Timer meldet.
6. Diese Übung ist wunderbar zum Einschlafen (dann natürlich ohne Timer) und für alle Krisensituationen.

WEITERE HILFREICHE SÄTZE

Von ihrem Körper entfernte Frauen haben oft kein Vertrauen in ihr Ich und ihr Sein. Jede ist dabei auf ihre Art getrennt, deswegen helfen jeder auch etwas andere Formulierungen. Probiere die folgenden Sätze wie Kleidungsstücke an und schau, ob sie dir guttun. Benutze nur, was dir guttut. Wiederhole sie, wann immer und sooft du willst. Vielleicht gibt dir dein Körper auch deine ganz eigenen Sätze. Es gibt keine Regeln, außer: Es soll dir guttun.

1. »Ich bin ich.«
2. »Ich bin zu Hause in meinem Körper.«
3. »Ich bin sicher in meinem Körper.«
4. »Es ist sicher, ich selbst zu sein.«
5. »Es macht Spaß, ich zu sein.«
6. »Es ist leicht, ich zu sein.«

EMBODIMENT IN DER STILLE UND IN BEWEGUNG

Embodiment ist der Weg, wirklich im Körper anzukommen – und damit bei dir selbst. Dafür stelle ich dir Übungen in der Stille und Übungen in Bewegung vor. Wenn wir still sind, vor allem mit geschlossenen Augen, können wir in der Regel besser nach innen lauschen, doch Bewegung gibt uns die Möglichkeit, uns auf eine vielfältigere Weise zu erforschen und zu erleben.

Wir haben verschiedene Rezeptoren für die Tiefenwahrnehmung unseres Körpers, die Propriozeption. Sie befinden sich in unserem Bindegewebe und in den Muskeln und sind auf verschiedene Reize spezialisiert. Um unsere Körper-Geist-Verbindung zu stärken, also unseren Körper mehr in unser Bewusstsein zu rücken, haben wir deshalb verschiedene Möglichkeiten. Lass uns mal einige durchspielen.

1.

2.

WAHRNEHMUNGSREZEPTOREN
MANUELL STIMULIEREN

1. Nimm dir für eine Minute dein rechtes Bein vor und streiche es mit beiden Händen liebe-
    voll und kräftig aus. Streiche auf und ab, massiere es und klopfe mit den Handflächen
    oder den Fingerkuppen. (Bild 1)
2. Stell dich dann auf beide Beine und vergleiche, wie sie sich anfühlen. Was ist der Unter-
    schied in der Wahrnehmung von deiner gesamten rechten und deiner linken Körper-
    hälfte?
3. Wenn du Lust hast, gehe auf die gleiche Weise deinen gesamten Körper durch, um dich
    von Kopf bis Fuß zu beleben und mehr zu spüren. (Bild 2)

Probiere beim nächsten Mal gern aus, wie es ist, ein Bein nur auszustreichen
und das andere nur zu klopfen. Das stimuliert jeweils andere Rezeptoren.
Kannst du die Unterschiede in deiner Selbstwahrnehmung spüren?

SCHÜTTELN

Schütteln stimuliert wiederum andere Rezeptoren in unserem Gewebe und schafft eine wunderbare Präsenz. Aber es ist nicht nur ein hervorragender Weg, um dich mehr zu spüren, es hilft auch, Spannungen und Emotionen im Körper in Bewegung zu bringen und Stress abzubauen. Du kannst es bei Tieren gut beobachten: Wenn sie aus einer unangenehmen Begegnung herausgehen, schütteln sie sich kurz, um die Anspannung loszulassen. Das Prinzip wird in den meisten archaischen Kulturen und auch in der Traumatherapie genutzt. Man schüttelt und zittert ganz gezielt, um Traumenergie aus dem Körper zu entlassen.

1. Stell dich auf ein Bein und schüttel das andere. Starte mit dem Fuß und kicke ihn locker im Fußgelenk. Schüttel dann aus dem Knie heraus und dann aus der Hüfte. Versuch dich dabei nicht festzuhalten. Balance zu üben, stärkt deine Ausrichtung und Körpermitte und wird dein Verhältnis zu deinem Körper auch verbessern. (Bild 1)
2. Vergleiche jetzt beide Seiten, bevor du es auf der anderen Seite wiederholst.
3. Leg dich auf den Rücken und kick deine Beine in die Luft. Alles ist erlaubt. (Bild 2)
4. Komm wieder auf die Füße und schüttel nun dein Becken auf alle erdenklichen Arten. Wackel mit dem Po und dann mit dem Bauch, bis du zum Brustkorb kommst. Wenn du möchtest, mach gern Laute dabei.

3.

5. Wenn du kannst, schüttel weiter mit deinen Beinen, während du anfängst, deine Arme von den Händen über die Ellbogen zu den Schultern zu schütteln. Sollte dir das am Anfang zu viel sein, bleib stehen und schüttel erst den linken, dann den rechten Arm. (Bild 3)

6. Schüttel dann deinen Kopf, wenn du magst. Beuge dich dazu vornüber, aber bleib in deiner Komfortzone. Alles sollte sich lockernd anfühlen.

7. Schüttel, solange du magst. Wenn sich daraus noch etwas anderes entwickelt, wie ein wildes Hüpfen, Kicken oder Brüllen, nur zu. Lass alles raus.

8. Bleib dann still stehen und spüre deinen Körper. Wie fühlst du dich? Wie nimmst du dich wahr?

9. Nimm dir Zeit, dieses energetisierte Gefühl zu genießen, um es in deinem Körpergedächtnis als neue Realität abzuspeichern und dein Selbstbild zu erweitern. Das bist du.

Tipp: Mach dir für das Schütteln Trommelmusik an. Sie kann dir wunderbar beim Loslassen helfen. Im Bonusmaterial habe ich dir eine Playlist zusammengestellt: https://cocoberlin.com/de/bodylove.

DAHINSCHMELZEN

Perfekt zum Einschlafen – und als Vorbereitung auf die meditativeren Übungen, die hier noch folgen werden.

1. Leg dich bequem hin, die Unterlage, ob Bett oder Teppich, ist ganz egal und du kannst deine Körperhaltung jederzeit ändern. Hauptsache, du fühlst dich wohl. Wenn du zum Beispiel gern auf dem Bauch schläfst, kannst du es genauso gut auf dem Bauch machen.
2. Spüre den Untergrund und wie du auf ihm aufliegst. Nimm die Unterlage mit allen Sinnen wahr. Ist sie weich? Ist sie glatt oder rau? Warm oder kalt?
3. Nimm wahr, wie die Schwerkraft auf deinen Körper wirkt. Genieße, wie sie dich zur Erde zieht.
4. Lenk deine Aufmerksamkeit in deinen Körper hinein und spüre deinen rechten Fuß von innen. Beobachte, wie er beim Ausatmen schwer wird und in die Erde sinkt. Nimm dir einen oder mehrere Atemzüge Zeit. Du kannst die Übung ganz nach deinem Wohlbefinden anpassen. Du kannst deinem Fuß gern ein inneres Lächeln schenken, dich bei ihm bedanken oder seine Schönheit von innen heraus genießen. Es ist deine Zeit und dein Körper.
5. Wandere nun zum Knöchel und zur Wade und lass diese ganz schwer zur Erde sinken. Sei mit ihnen ein wenig in Kontakt.
6. Geh jetzt zum Oberschenkel und zur gesamten rechten Beckenhälfte.
7. Genieße jetzt, wie das ganze rechte Bein in die Erde sinkt.
8. Wiederhole die Schritte dann mit dem linken Bein.
9. Spüre dann deinen Bauch, deinen Rücken, deinen Schultergürtel auf eine genauso intensive Weise.
10. Dann reise durch den Arm: Fühle Hand, Unterarm, Oberarm, Schulter und Nacken und zum Abschluss den gesamten Arm.
11. Wandere jetzt durch den anderen Arm.
12. Geh anschließend zu Nacken und Kopf.

Du kannst den Durchlauf immer und immer wieder machen. Gerade zum Einschlafen ist dieser Bodyscan ideal.

BLÄTTER IM STROM

RELAX

Diese Übung ist schön entspannend für ruhige Minuten im Alltag. Jedes Mal trainierst du deinen Geist und verbindest dich immer mehr mit deiner Seele. Sie kann auch als Vorbereitung für alle Körperübungen dienen. Immer wenn du merkst, dass du dich vor lauter kreisenden Gedanken nicht auf deinen Körper einlassen kannst, mach zuerst diese Übung. Sobald du sie verinnerlicht hast, kannst du sie auch in Zeiten der Not, sprich bei mentalem oder emotionalem Stress anwenden.

1. Stell dir vor, du sitzt entspannt an einem schönen Bach.
2. Schau, wie einzelne große und kleine Blätter den Strom langsam entlangfließen.
3. Nun leg jeden Gedanken und jedes Gefühl, das in dir auftaucht, auf ein Blatt und schau ihm nach, wie es davontreibt. Lass alles gehen, halte an nichts fest. Was wichtig ist, wird wiederkommen.
4. Wie fühlt sich das in deinem Körper an? Entsteht eine Erleichterung, ein Frieden?
5. Mach die Übung, solange es dir gefällt, und spüre dabei immer wieder in deinem Körper nach.

Tipp: Manchmal zaubert unser Kopf alle möglichen mentalen Ablenkung hervor, weil er Angst hat, im Körper unangenehme Empfindungen oder Emotionen zu finden. Auch dann ist diese Übung wunderbar, du kannst dich damit dennoch fokussiert auf den Weg zu deinem Körper machen.

Es kann dir vor allem am Anfang leicht passieren, dass dich der Verstand vom Üben abhält oder dich nicht wirklich tief ins Spüren hineinlässt. Doch du bist die Meisterin deines Lebens, vergiss das nie. Du musst dich nicht von deinem Kopf steuern lassen. Wir können ganz bewusst denken, wenn wir zum Beispiel dieses Buch lesen und die Ideen mit unserem bestehenden Weltkonzept abgleichen. Aber ziemlich viel Denken passiert auch automatisch und sprudelt so vor sich hin. Oft sind wir darin so verstrickt, dass wir uns gar nicht vorstellen können, dass wir nicht unsere Gedanken sind, sondern unseren brillanten Geist frei nutzen können. Wenn du schon mal meditiert hast, hast du sicher gemerkt, was dir da alles so durch den Kopf geht. Body Love wird dir nach und nach verdeutlichen, dass du da nicht blind mitfahren musst, sondern die Kapitänin deines Schiffes sein kannst und das für ein selbstbestimmtes Leben auch sein musst. Doch wenn du das Gefühl hast, du bist zu sehr im Kopf, um dich auf unsere Body-Love-Übungen einzulassen, probiere für fünf Minuten die eben beschriebene Übung.

Embodiment, damit wir uns im Körper sicher fühlen

Damit wir unseren Körper lieben und uns in ihm so richtig wohlfühlen können, müssen wir uns in ihm sicher fühlen. Das Gefühl von Sicherheit und Zuhause im Körper und in der Welt hat nicht nur etwas mit unseren tatsächlichen aktuellen Lebensbedingungen zu tun, sondern hängt damit zusammen, wie sich unser Nervensystem entwickelt hat. Wenn wir mit einem Gefühl von Geborgenheit, Vertrauen und Liebe aufgewachsen sind und ein naturverbundenes Leben führen, ist es balanciert und elastisch, es kann Stress und Herausforderungen meistern und sich danach wieder wunderbar entspannen und regenerieren. Selbst schwierige Situationen bringen uns nicht dazu, uns selbst zu verlieren und unseren Körper zu »verlassen«.

Die meisten von uns können hier allerdings, selbst mit der perfektesten Kindheit, Hilfe brauchen – aufgrund der Art, wie wir in unserer modernen

Welt leben. Anhaltender Stress verändert unser Gehirn und unser Nervensystem nachhaltig und reduziert unseren Handlungsspielraum und unser Entwicklungspotenzial.[3] Unser Gehirn ist daher anders, als es sich optimalerweise ohne Trauma und Stress entwickelt hätte. Zum Glück aber hat die Traumaforschung in den letzten Jahren große Sprünge gemacht und gibt uns Werkzeuge, das Beste aus dem zu machen, wer wir sind und was wir haben. Wir sind weder unserer Vergangenheit noch dem Stress, den wir in der modernen Welt erfahren, ausgeliefert. Wir haben vieles selbst in der Hand und können so einiges für uns tun.

Erstaunlicherweise können wir sogar die Anpassungsmechanismen, die wir entwickelt haben, um widrige Situationen zu überleben und um als Kinder Liebe und Anerkennung zu bekommen, heute auf eine neue Weise für uns nutzen. Die Hochsensibilität, die Fähigkeit, sich in andere hineinzufühlen, oder die Neigung, in Fantasiewelten zu entschwinden, das sind unsere speziellen Superkräfte, die wir behalten werden, wenn wir heilen. Wir gewinnen also durch unsere möglicherweise schwierige Vergangenheit auch etwas dazu. Mit den Body-Love-Tools wirst du wachsen und weiser werden, egal was du bisher erlebt hast, das dich dazu bringt, deinen Körper und dich selbst jetzt noch nicht über beide Ohren zu lieben.

Es sind nicht nur die Erfahrungen unserer ersten Jahre, die unser Nervensystem prägen, auch unser Alltag beeinflusst, wie sich unser Nervensystem tagtäglich entwickelt. Wenn wir lernen, es zu verstehen, bekommen wir ein besseres Verständnis für uns selbst, vor allem für unsere Gefühle und unser Verhalten. Wir verstehen, warum wir in wichtigen Situationen vielleicht kein Wort herausbringen und in anderen scheinbar grundlos ausrasten. Warum wir uns kleinmachen und nicht in unsere Power kommen oder warum wir andere Menschen kontrollieren wollen. Wir entwickeln so zum einen Mitgefühl und Liebe für uns und andere und lernen gleichzeitig, uns von diesen alten Mustern zu befreien. Zunächst erkennen wir mithilfe unserer Body-Love-Tools, dass wir in diesen Situationen eine Wahl haben und neue Wege beschreiten können. Zum anderen werden wir nach und nach unsere emotionale

Komfortzone und unseren Handlungsspielraum erweitern. Wir erlangen eine neue Freiheit und damit auch ein neues Selbstbild sowie mehr Selbstliebe – und das wiederum gibt uns noch mehr Freiheit. Was einst ein Teufelskreis war, kann jetzt zu einer Aufwärtsspirale werden.

WARUM HABEN WIR UNS VOM KÖRPER ENTFERNT?

Wie sehr Körper, Geist und Seele miteinander verbunden sind, wurde in der westlichen Welt lange verleugnet. Wo die meisten menschlichen Kulturen eine klare Einheit sehen, hat unsere christlich geprägte Kultur eine Spaltung kreiert und uns von uns selbst entfremdet. Da war einerseits der edle Geist mit seinen Idealen und der Moral – und andererseits der sündige Körper mit seinen Trieben. René Descartes' Feststellung »Cogito ergo sum« (»Ich denke, also bin ich«) benennt den Geist als unser wahres Selbst, der Körper ist lediglich das materielle Vehikel, in dem unser Geist durchs Leben reist. Der Geist wurde dem Körper und den Gefühlen übergeordnet, und so sehen es bis heute noch viele Menschen. Schau mal, wie du es für dich siehst.

JOURNALING: MEIN VERHÄLTNIS ZU MEINEM KÖRPER

Frage dich: Wer bin ich, und was ist mein Körper? Wie hängen Körper, Geist und Seele zusammen?

Lass deinen Gedanken freien Lauf und zensiere dich nicht in deinen Antworten. Du sortierst hier nur für dich, was in dir zu diesen existenziellen Themen gerade präsent ist.

Die intellektuelle Entfremdung von unserem Körper, unserem lebenden fühlenden Organismus und all seinem Potenzial, wird heute von vielen Ärzten und Wissenschaftlern als Fehler erkannt und auch als Hauptursache für Stress und die damit einhergehenden Zivilisationskrankheiten gesehen. Jetzt geht es darum, zurückzufinden und wieder ganz zu werden. Wieder Zugriff auf alles, was uns ausmacht, zu erlangen. Unseren brillanten Geist und unseren weisen Körper. Das Erlebnis, das dabei entsteht, ist das Gefühl, richtiggehend aufzuwachen und die Welt und das Leben endlich ganz zu sehen. Jede Body-Love-Übung wird dich dem immer näherbringen.

Das feine Zusammenspiel von Körper und Geist

Neurologisch betrachtet starten wir ab der siebten Schwangerschaftswoche als Embryo damit, unseren Körper kennenzulernen. Wir erforschen ihn durch Bewegung, dabei beginnt das Nervensystem mit den Muskelzellen in Kontakt zu treten.[4] Diese werden durch Nervenzellen zur Bewegung angeregt und können ihrerseits durch sensorische Nerven den Zustand der jeweiligen Muskeln an das Gehirn zurückmelden. Auf diese Weise entstehen die ersten Verknüpfungen zwischen motorischen und sensorischen Nervenbahnen. Im Gehirn werden dann aus einem zunächst viel größeren Angebot an synaptischen Verbindungen allmählich diejenigen stabilisiert und gebahnt, die bei unseren zunehmend besser koordinierten Bewegungen gebraucht werden. So entstehen nach und nach Bewegungsmuster. Die elementarste Aufgabe des Gehirns ist also das Knüpfen, Aufrechterhalten und Verändern der Beziehungen zwischen unseren Nervenzellen. So entwickelt sich irgendwann auch bewusstes Denken. Jeder Gedanke generiert bestimmte Erregungsmuster im Gehirn, die bei Wiederholungen die beteiligten Nervenzellenverbindungen ausbauen und stabilisieren.

Durch unser Denken bauen wir sozusagen unser Gehirn jeden Tag weiter aus. Dieses Phänomen wird Neuroplastizität genannt. Bis zu unserem Lebensende ist unser Gehirn fähig, neue Verknüpfungen zu erstellen und sich selbst und damit uns zu verändern. Somatische Übungen wie bei Body Love setzen genau hier an. Das Selbstbild durch bewusste Bewegungen im Gehirn zu aktualisieren, ist viel einfacher, ganzheitlicher und somit nachhaltiger, als zu versuchen, Verhaltensweisen mental zu verändern.[5]

Gehen wir noch einmal zurück zum Mutterleib. Dort sind wir allem ausgesetzt, was unsere Mutter erlebt. Dazu gehören die Geräusche in der Umgebung, die Luft, die sie atmet, das Essen, das sie zu sich nimmt, aber auch die Emotionen, die sie empfindet. Wenn sie sich glücklich und ruhig fühlt, können wir uns als Ungeborenes am ehesten gesund entwickeln. Emotionen wie Stress und Angst mit ihren physiologischen Konsequenzen können sich negativ auf die Entwicklung von Körper und Gehirn auswirken. Das Spannende ist, dass das alles passiert, noch bevor wir Sprache und ein Konzept vom Ich haben. Das gilt auch noch für das erste Lebensjahr. Deswegen sind gerade die frühen Erlebnisse so tief, aber wortlos in uns verankert. Diesen Prägungen können wir nicht bewusst oder mit Gesprächstherapie begegnen, das geht nur über den Körper und das Fühlen. Oft müssen wir noch nicht mal verstehen, was sich dabei tut. Unser Körper weiß, was er zur Heilung braucht, wenn wir ihm nur vertrauen und ihn machen lassen. Body Love zeigt dir, wie du dieses Vertrauen entwickelst.

Der »Ausstieg« aus dem Körper

Im Gegensatz zu anderen Säugetieren kommen wir Menschen recht unfertig zur Welt. Dieses frühe Gebären hat Vorteile für unsere Entwicklung: Draußen, mit all den Eindrücken und unseren körperlichen Bewegungsmöglichkeiten in der Welt hat unser Gehirn mehr Input, so können wir uns optimal entwickeln. Es macht uns aber auch fragiler und zudem abhängiger von unseren Eltern. Sie sind für uns in den ersten so prägenden Jahren die ganze Welt. Wir brauchen liebevolle, aufmerksame Fürsorge nicht nur zum Überleben, sondern auch, damit sich unser Nervensystem normal entwickeln kann. Das Gehirn ist in seiner frühen Entwicklung außerordentlich empfindlich. Während das Kind der Welt begegnet, entwickelt und etabliert es Nervenbahnen und Verbindungen, die durch Erfahrung und nicht nur durch seine DNA geprägt sind. Muss das sich entwickelnde Gehirn immer wieder auf Bedrohungen reagieren, beeinflusst das seine Entwicklung, es bereitet sich auf eine feindliche Welt vor. Es rüstet sich für Gefahr und Unvorhersehbarkeit anstatt für Vertrauen und Leichtigkeit.

Neugeborene entwickeln sich am besten in einer Umgebung, die der Situation im Mutterleib ähnelt, also mit viel Nähe, Fürsorge und Hautkontakt. In vielen ursprünglichen Kulturen werden diese Bedürfnisse erfüllt, doch bei uns wurden bis vor Kurzem ganze Generationen stundenlang alleingelassen und nicht gestillt. Babys wurden nicht bei Hunger, sondern nach einem vorgegebenen Stundenplan gefüttert und beim Weinen nicht getröstet. Man hat damals angenommen, dass sich das Kind mit seinem Schreien selbst beruhigt. Oder wie manche Mütter sagten: »Das Kind soll nicht lernen, dass es die Familie erpressen kann. Man sollte es nicht verweichlichen, damit es lebenstüchtig wird.« Heute wissen wir, dass das grausam ist. Das Baby schreit vor Hunger oder Einsamkeit. Als Säugling wissen wir nicht, ob unsere Mutter jemals wiederkommt, und fühlen uns lebensgefährlich bedroht.

Als Baby sind wir in dieser Lage ohnmächtig, wir können nur nach Leibeskräften schreien. Das sympathische Nervensystem wird aktiviert, der Körper schüttet Stresshormone aus, damit wir alle Reserven mobilisieren, um uns aus dieser existenziellen Notsituation zu befreien. Doch wir können es nicht. Ab einem gewissen Zeitpunkt wird die Spannung im System zu groß, um sie auszuhalten, dann schaltet unser Organismus in ein Notfallprogramm: den Freeze-Zustand, eine innere Erstarrung. In diesem Zustand schneiden wir uns von unserem Körper ab und spüren so den Schmerz nicht mehr. Wir dissoziieren und erwarten den Tod, der Körper beruhigt uns mit selbst hergestellten Opiaten. Erleben wir immer wieder eine solche Not oder auch spätere Vernachlässigung oder Missbrauch durch die Personen, von denen wir als Kind abhängig sind, wird der Ausstieg aus unserem Körper zur Gewohnheit und es entsteht etwas, was die Psychologie Entwicklungstrauma nennt.

Die Urwunde, nicht so sein zu dürfen, wie wir sind

Es muss gar nicht zu solchen als existenziell bedrohlich wahrgenommen Erlebnissen kommen, damit wir uns vom Körper entfernen, unsere ganz normale Erziehung trägt auch dazu bei. Die Traumatherapeutin Maria Sanchez hat das Konzept der Urwunde geprägt, das die meisten Menschen in unserer Gesellschaft betrifft.[6] Bei uns gelten Kinder dann als psychisch gesund, wenn sie bestimmte Erwartungen erfüllen. Persönlichkeitsanteile, die dem entsprechen, was man sich von einem Kind wünscht, werden belohnt. Ist ein Kind brav und gut in der Schule, bekommt es Anerkennung und Liebe. Ist ein Kind ängstlich, neidisch, wütend, hyperaktiv oder gewalttätig, fehlt oft das Verständnis. Weil es Eltern und Erzieherinnen/Erziehern meist selbst an emotionaler Reife mangelt, sind sie mit diesen ganz natürlichen kindlichen Emotionen und Verhaltensweisen überfordert und geben dem Kind direkt oder unterschwellig zu verstehen, dass diese Teile seines Wesens nicht willkommen sind. Die Liebe ist an klare Konditionen geknüpft.

Unser Überleben als Kind hing von der Gunst unserer Erzieher ab, deshalb taten wir alles, um dazuzugehören, und versuchten, uns dem Idealbild anzunähern, indem wir die unerwünschten Charaktereigenschaften, Gefühle und Verhaltensweisen unterdrückten. Wir trennen uns von diesen Anteilen und identifizieren uns nur mit dem, was gewünscht ist. Wir sind lieb und folgsam und spalten die unerwünschten Teile von unserer Ich-Definition ab. Das Gefräßige, Faule, Ängstliche, Wütende, das sind nicht wir. Das sind dann innere Schweinehunde. Wir selbst sind die Edlen, die ab und zu von diesen niederen Kreaturen heimgesucht werden.

Die unerwünschten Anteile in uns, die nicht sein durften, schlummern einsam, traurig und oft auch wütend und enttäuscht unter der Oberfläche in unserem Unterbewusstsein und äußern sich nur in Träumen, Ängsten, Wutausbrüchen, irrationalen Verhaltensweisen, Depressionen, Selbstboykott oder Süchten. Diesen Teilen zu begegnen und sie willkommen zu heißen ist die Voraussetzung für Selbstliebe. Die erfolgreichen inneren Anteile zu lieben ist ein Kinderspiel, doch durch Body Love wirst du erleben, dass die Teile, die du jetzt am liebsten loswerden willst, essenzielle Bestandteile deiner Persönlichkeit sind. Sie haben gute Gründe, so wütend, laut, traurig, schwach oder stur zu sein. Wenn du dich ihnen öffnest und Schritt für Schritt eine intime Beziehung zu ihnen aufbaust, offenbaren sie ihre Geheimnisse. Fehlende Puzzleteile fügen sich ein, und sie bringen Superkräfte mit, nach denen du dich schon immer gesehnt hast.

Du wirst merken, dass Eigenschaften, die du an anderen hasst oder beneidest, also die Eigenschaften, die dich triggern, mit wichtigen unterdrückten Teilen deiner selbst korrespondieren. Integriert und voll entwickelt machen sie dich zu einer unwiderstehlichen tollen Frau, die du mit Haut und Haaren lieben wirst.

Auch unsere Ahnen mischen weiterhin mit

Die neue Wissenschaft der Epigenetik hat aufgezeigt, dass traumatische Erlebnisse nicht nur durch das Verhalten der traumatisierten Eltern an die Kinder weitergegeben werden. Trauma hinterlässt auch Spuren im Erbgut und kann psychische Störungen und ungünstiges Verhalten bei den nachfolgenden Generationen begünstigen. Die Überlebensmechanismen unserer Ahnen werden uns unterschwellig als Lebensanleitung mitgegeben, wohl um die Folgegenerationen vor ähnlichen Erfahrungen zu schützen. So haben wir manchmal rätselhafte Ängste und Verhaltensmuster, die wir uns nicht erklären können.

Eine Studie mit Mäusen zeigt besonders eindrucksvoll, wie sich traumatische Erfahrungen »vererben«. Forscher haben die Tiere mit Elektroschocks traktiert, während sie einen Kirschblütenduft verströmen ließen. Das hat die Mäuse konditioniert, den Duft mit dem Schmerz gleichzusetzen. Bereits der Geruch versetzte die Mäuse schließlich in Stress. Das Experiment wurde beendet, und die Mäuse pflanzten sich fort. Die Kinder wurden in Ruhe gelassen, doch Gehirnscans zeigten, dass diese mehr Neuronen zum Wahrnehmen von Kirschblütenduft in ihren Hirnen und auch Nasen hatten. Wenn diese Tiere dem Kirschblütenduft ausgesetzt wurden, zeigten sie die gleiche Stressreaktion in ihren Körpern wie ihre Eltern, ohne jemals die Erfahrung der Elektroschocks zu machen. Diese Mäuse pflanzten sich wiederum fort, und auch ihre Kinder zeigten dieselbe Stressreaktion beim Kirschblütenduft.[7] Wie lässt sich das erklären? Die Mäuse sitzen ja nicht am Lagerfeuer und erzählen sich ihre Lebensgeschichten, geschweige denn schreiben sie Bücher oder Filme. Die Stressreaktion ist auf die epigenetische Anpassung an das Erlebnis mit den Stromschlägen zurückzuführen. Dabei wird weitergegeben: Kirschblütenduft bedeutet nichts Gutes und sollte möglichst vermieden werden.

Das ist die körperlich erlebte Wahrheit, aber sind Kirschblüten wirklich gefährlich für die Mäuse? Nein. Das Prinzip lässt sich auf viele der Dinge übertragen, vor denen wir heute Angst haben. Aggressive Hunde zu meiden ist eine gute angeborene Reaktion. Aber große Sichtbarkeit als Führungskraft zu fürchten oder einen bestimmten Typ Mann zu meiden, weil unsere Großmutter damit schlechte Erfahrungen gemacht hat? Das steht uns heute im Weg. Besonders, wenn wir etwas wirklich aus ganzem Herzen wollen, aber immer Ausreden finden und es verschieben, könnte es sein, dass dort ein epigenetisches Muster am Werk ist.

Die alten Päckchen loswerden – aber wie?

Wir kommen also nicht als unbeschriebene Blätter auf die Welt. Wir bringen Konditionierungen und Traumareaktionen in unserer DNA mit. Das ist belastend, aber keine Sorge, wir sind dem nicht ausgeliefert. Dem populären Rat zu folgen, die belastenden Themen einfach »an die Ahnen zurückzugeben« oder »energetische Schnüre zu lösen«, bringt oftmals zunächst eine Erleichterung. Doch sie ist nicht nachhaltig. Die Themen kommen wieder, denn wenn wir etwas, das sich in unserem Körper manifestiert, nicht als unseres annehmen und aufarbeiten, sondern nur ausgrenzen, ist es eine Ausgrenzung unserer selbst. Es handelt sich ja um Ausprägungen in unserer eigenen DNA. Das sind wir. Es gehört zu unserer körperlichen Erinnerung, selbst wenn die dem zugrundeliegenden Erfahrungen nicht in unserer Lebenszeit passiert sind.

In Body Love nehmen wir alles an, was in unserem System ist, denn nur dadurch, dass wir es zu uns nehmen, kann Heilung stattfinden. Durch die Body-Love-Übungen wirst du dich Stück für Stück befreien und Frieden in dir finden. Auch ohne dir der jeweiligen Geschichte dahinter bewusst zu sein. Du musst nicht versuchen, in deinem Stammbaum herumzugraben, um eventuelle Probleme zu finden. Bleib einfach in deinem Leben, in dem, was ist und was sich dir heute zeigt.

Wir übernehmen nicht nur die Mechanismen unserer eigenen Verwandten, sondern die der gesamten Gesellschaft. Die Psychologin Dr. Valerie Rein beschreibt in ihrem Buch *Patriarchy Stress Disorder*, wie Frauen auf diese Weise gelernt haben, sich kleinzumachen, um mögliche Gefahren zu vermeiden. In der patriarchalen Gesellschaft war es für Frauen nie sicher, zu viel Aufmerksamkeit auf sich zu ziehen. Kein Wunder, dass sie ihre Intelligenz, ihre Sexualität, ihre Bedürfnisse und ihre Ambitionen verstecken. Deswegen: Mach dir keinen Stress, wenn du merkst, dass du dich kleinmachst und vor Verantwortung und Einfluss zurückschreckst. Du bist nicht fehlerhaft, du hast diese genetische Ausprägung und diese Strukturen in deinem Nervensystem mitbekommen. Du bist damit nicht allein – und du kannst es ändern. Es ist wichtig, dass wir das heute ändern, denn Frauen machen in unserer Gesellschaft immer noch solche negativen Erfahrungen und diese alten Muster werden damit weiter verstärkt. Es ist an uns, wach zu sein und zu sehen, wo in unserem Leben, in unserer Gesellschaft und in unseren eigenen Köpfen und Körpern noch alte Muster aktiv sind. Schau mal, wie oft du selbst patriarchal geprägte Gedanken hast.

Als Beispiel sei hier eine Studie von 2017 mit fünf, sechs und sieben Jahre alten Kindern angeführt: Ihnen wurden Geschichten vorgelesen, in denen der Hauptcharakter als sehr schlau dargestellt wurde. Er war smarter als jede andere der Figuren, sein Geschlecht wurde nicht genannt. Das sollten die Kinder erraten. Im Alter von fünf Jahren haben Jungen und Mädchen das Geschlecht der Person mit ihrem eigenen gleichgesetzt. Aber mit sechs und sieben, gerade dem Alter, in dem viele ihre erste Sozialisierung in der Schule erfahren, kippte es und beide Geschlechter gaben an, dass der Held männlich sein muss.[8]

Es ist wichtig zu wissen, dass einiges in deinem System lebt, obwohl es nicht deines ist. Es ist übernommen und damit doch ein Teil von dir. Was in deinem Körper passiert, ist tatsächlich in deinem Körper. Es geht nicht weg, wenn du es wegschickst oder abgibst. Es ist ein Teil von dir, dem du mit Akzeptanz und Neugierde begegnen kannst. Nur so kann Heilung geschehen.

WENN WIR UNS BEFREIEN, BEFREIEN WIR AUCH DIE NÄCHSTEN GENERATIONEN.

Neuroplastizität und unsere Verantwortung

Die gute Nachricht ist: Veränderung ist möglich. Bis in die Zellebene hinein. Auch unser Nervensystem und das Gehirn können sich bis ins hohe Alter immer neu ändern. Das ist deine Chance – und deine Verantwortung dir selbst gegenüber. Alles, was du tust, jeder Gedanke und jedes Gefühl, verfestigt entweder alte Gewohnheiten oder baut neue Pfade. Das ist übrigens auch einer der Gründe, warum uns Veränderung so schwerfällt: Die Autobahn zu benutzen ist viel einfacher und bequemer, als sich immer wieder mit der Machete durch die Büsche zu schlagen. Was es braucht, ist deine Hingabe an dich selbst, die richtigen Tools – das sind die Body-Love-Übungen – und Wiederholung. In den Körper zu kommen ist sinnlich und wunderschön, aber es braucht am Anfang etwas Geduld und Konzentration. Doch jede Übung, jede willentliche Entscheidung für dich ist ein Schritt zu dir, zu deiner persönlichen Entfaltung.

Auf deiner Body-Love-Reise wirst du lernen, dass deine Persönlichkeit, deine Fähigkeiten und sogar deine Talente nicht vorherbestimmt sind. Wer du bist, kann sich durch deine eigenen Entscheidungen und Handlungen entfalten. Du hast deine eigene Einstellung zu dir und somit deine eigene Entwicklung in der Hand. Du kannst mit den Body-Love-Tools dieses Buches an allen Herausforderungen wachsen. Probiere es aus und bleib dran. Du bist es wert. Und das Leben, das für dich möglich ist, ist es wert.

DAS NERVENSYSTEM UND UNSERE SELBSTLIEBE

Schauen wir noch einmal tiefer in die ursächlichen Zusammenhänge für unsere Körperferne hinein. Das Gefühl, dass wir nicht in Ordnung sind, entsteht meiner Erfahrung nach, wenn wir von unserem instinktiven Wissen, unserer gelebten Erfahrung abgeschnitten sind und in angstvollen Gedanken um uns selbst kreisen. Dieses Abschneiden entsteht, wenn wir unseren Körper verlassen und unseren Instinkten misstrauen, sei es infolge eines Traumas oder durch unsere täglichen Gewohnheiten unter dem Einfluss unserer Kultur und Leistungsge-sellschaft.

Wenn wir allen Teilen unserer selbst liebevoll begegnen und Körper, Geist und Seele einbeziehen, bekommen wir Zugang zu einem Sinn, der größer ist als unsere unmittelbaren egoistischen und materiellen Bedürfnisse. Ohne unsere Anbindung an unsere Ganzheit können wir dieses wunderbar erfüllende trans-zendente Gefühl von Einheit mit allem nicht fühlen. Um in diese Form der um-fassenden Selbstliebe zu kommen, braucht es Heilung. Denn unser Nervensys-tem hat aufgrund verstörender oder sogar traumatisierender Erlebnisse vor allem eins im Sinn: uns vor weiterem Schmerz zu schützen. Seine Art, das zu tun, steht aber leider unserem Lebensglück im Weg.

Die Biologie des Nervensystems

Unser Nervensystem ist ein Wahrnehmungs- und Steuermechanismus, es um-fasst die gesamten Nervenzellen in unserem Körper, von Kopf bis Fuß. Ein Teil davon, das somatische Nervensystem, ist für die Wahrnehmung von Außenreizen und die bewusste Steuerung unseres Körpers zuständig. Zum Beispiel sorgt er dafür, dass du diese Buchstaben wahrnehmen und dann die Lider bewusst schlie-ßen kannst, um auszuruhen. Ein anderer Teil steuert unseren Körper, ohne dass wir bewusst eingreifen. Es ist das autonome Nervensystem und für all die un-willkürlich ablaufenden Prozesse im Körper zuständig – die Pulsrate, den Blut-druck, den Hormonspiegel, die Verdauung.

Das Nervensystem ist in den sympathischen Teil, der uns anregt, und den parasympathischen Teil, der uns beruhigt, untergliedert. Der wichtigste Teil des parasympathischen Nervensystems ist der Vagusnerv, eine regulierende Schalt-stelle zwischen dem Gehirn und den Organen und maßgeblich für die Balance von Aktivität und Entspannung unseres Systems verantwortlich. Optimalerweise schwingen wir harmonisch zwischen diesen beiden Zuständen hin und her, wir haben genug Energie für große Herausforderungen und dann genug Ruhe, um uns zu regenerieren.

STRESS ZU VERMEIDEN IST GAR NICHT NÖTIG. EIN ERFÜLLTES GESUNDES LEBEN BRAUCHT BEIDES, AKTIVITÄT UND ENTSPANNUNG, ABER IM AUSGLEICH.

Unser Nervensystem hat sich, wie unser ganzer Körper, in unserer langen Evolutionsgeschichte ziemlich verändert. Einige Teile sind alt und noch sehr ursprünglich, ähnlich wie bei unseren reptilienartigen Vorfahren, andere sind hochkomplex und für uns als Säugetier und Mensch optimiert. Die Evolutionstheorie und die Neurobiologie entwickeln sich immer weiter, die Polyvagal-Theorie von Dr. Stephen Porges, auf der die aktuell vorherrschende Traumatheorie beruht, bietet ein sehr stimmiges Erklärungsmodell für unser Verhalten.

Lass sie mich an einigen Beispielen erklären: Wenn wir in einem sicheren Rahmen kreativ in einem Team arbeiten, mit unserem Partner kuscheln oder uns mit guten Freunden treffen und so richtig Spaß haben, ist unser parasympathisches System (speziell der relativ junge ventrale Vagus) aktiv. Die Körper und die Nervensysteme aller Beteiligten kommunizieren miteinander, sie schwingen sich aufeinander ein und co-regulieren sich in einen harmonischen Zustand. Je intimer, offener und gutwilliger wir anderen dabei begegnen, desto effektiver ist die Co-Regulation. Intimität ist ein Zustand, indem wir uns schutzlos ganz zeigen können und von anderen das Gefühl bekommen, vollkommen okay zu sein. Dann fühlen wir uns sicher und angenommen. Je besser sich unser Körper mit andern Körpern co-reguliert, also Zeichen der Sicherheit austauscht, desto besser ist er in der Lage, sich über lange Zeitperioden auch allein zu regulieren. Er wird widerstandsfähiger gegen Stress. Wir fühlen uns wohl, lieben uns und die Menschen um uns herum. Wir genießen den Augenblick, planen mit Begeisterung unsere Zukunft, wichtige Entscheidungen fällen wir mit Souveränität, anstehende Mutproben erfüllen uns mit Vorfreude und Siegesgewissheit. So möchten wir uns alle am liebsten die ganze Zeit fühlen. Das ist natürlich nicht möglich, aber es ist die Baseline, zu der wir immer finden können. Und jede Body-Love-Übung hilft uns dabei.

Doch was passiert, wenn wir in dieser friedlichen Situation plötzlich von einem Einbrecher überfallen werden? Dafür hat unser Nervensystem verschiedene automatische Reaktionsmuster, die unser Überleben sichern. Die Amygdala ist der Teil unseres Gehirns, der dafür verantwortlich ist, Bedrohungen zu erkennen und Angst wahrzunehmen. Wird eine Gefahr erkannt, sendet die Amygdala Signale an den Hypothalamus, der wiederum das autonome Nervensystem stimuliert. Das geht alles so schnell, dass wir gar nicht bewusst entscheiden können, was passiert. Noch bevor wir die Situation begreifen können, ist unser Nervensystem hochgefahren und flutet unseren Körper mit Stresshormonen, die uns die Energie geben, entweder zu kämpfen oder zu fliehen. Das sind die Reaktionen des Nervensystems: Kampf, Flucht oder – wenn nichts mehr geht – Erstarrung. Es sind automatische Überlebensaktionen, die wir uns mit allen Säugetiere auf dem Planeten teilen.

Wenn wir glauben, dass wir es mit dem Einbrecher aufnehmen können, wird unser sympathisches Nervensystem aktiviert und wir reagieren mit Kampf. Adrenalin flutet unseren Körper, wir fühlen uns stark, aggressiv und bereit, für uns einzustehen. Wenn wir wissen, dass wir nicht siegen können, schalten wir auf Flucht und laufen um unser Leben. Das Adrenalin gibt uns dabei eine Kraft, die wir bei einem normalen Workout nicht zur Verfügung haben. Doch wenn wir keinen Ausweg sehen und uns ausgeliefert fühlen, reagiert der Körper mit Erstarrung (Freeze), indem der ältere Teil des parasympathischen Nervensystems (dorsaler Vagus) anspringt. Dies ist eine Entscheidung des Körpers, uns zu schützen. Sobald sie eintritt, können wir uns nicht wehren. Unser Körper schüttet das schmerzstillende und beruhigende Endorphin aus, um uns die Qual zu ersparen, meist erleben wir das als eine Loslösung vom Körper.

Einfrieren ist auch eine häufige Reaktion von Menschen in chronischen Bedrohungssituationen, bei Vernachlässigung oder Missbrauch in der Kindheit zum Beispiel. Studien haben gezeigt, dass der flexible Wechsel zwischen Einfrieren und aktiver Abwehr entscheidend für eine angemessene Stressbewältigung ist. Freezing ist in dem Sinne kein passiver Zustand, sondern eine parasympathische Bremse des motorischen Systems, relevant für die Handlungsvorbereitung.[9] Wenn die Gefahr vorbei ist, können wir uns zum Beispiel in Sicherheit bringen oder Hilfe holen. Geraten wir jedoch immer wieder in ausweglose Situationen, ohne die Chance, das Erlebte zu verarbeiten, werden diese Freeze-Zustände immer länger. Auf Dauer führt das zu Hoffnungslosigkeit, Dissoziation oder Depression.

Wenn wir aus der bedrohlichen Situation als Sieger hervorgehen oder erfolgreich fliehen können, erholen wir uns rasch und werden mit hoher Wahrscheinlichkeit kein Trauma zurückbehalten. Wenn wir hingegen einfrieren und keine Möglichkeit haben, das Erlebte aufzuarbeiten, entsteht ein Trauma. Dann können uns auch viel später noch bestimmte Trigger, wie ein Anblick, ein Duft oder ein Geräusch, an die traumatische Situation erinnern und wir geraten wieder in einen Schockzustand, obwohl wir objektiv gesehen sicher sind.

Ich habe dir hier extreme Situationen beschrieben, um dir die generelle Funktionsweise deines Nervensystems zu verdeutlichen. Es reguliert natürlich deinen gesamten Alltag. Wenn du zum Beispiel wegen einer Deadline gestresst bist, wird dein sympathisches System aktiviert, dein Körper schüttet Stresshormone aus und gibt dir die Energie durchzuhalten, fokussierter zu sein und vielleicht sogar richtig gute Last-Minute-Ideen zu haben. Wenn der Stress überhandnimmt und du nicht besonders stressresistent bist, kann es aber auch schnell kippen, dann überfällt dich Panik und du fällst in einen Angstzustand, in dem du gar nicht mehr denken kannst. Das wird vom alten parasympathischen System (dorsaler Vagus) verursacht, ein Zustand der totalen Lähmung und Apathie, du willst nur noch aufgeben. Doch selbst wenn der Stress nicht so hoch ist, aber über längere Zeit anhält, kann er zu einem chronischen Zustand werden, in dem dein Körper tagein, tagaus von Stresshormonen geflutet ist. Du bist dann irgendwann nicht mehr in der Lage abzuschalten. Oft wechseln diese Stresszustände dann mit Freeze-Zuständen, in denen du das Gefühl hast, total erschöpft und energielos zu sein, keine Motivation zu haben, morgens kaum aus dem Bett zu kommen und abends nur noch auf die Couch zu wollen, am besten mit Ablenkung und Trost durch deine liebsten Medien, vielleicht in Kombination mit Essen oder Alkohol. Das entspannt und tröstet, ist aber natürlich nicht nachhaltig, denn du weißt ja, dass die stressige Situation im Hintergrund lauert und deinen Frieden bedroht. Oft sehen wir in solchen Phasen keinen Ausweg und kommen kaum noch in den erholsamen Zustand, der vom neuen parasympathischen System geprägt ist. Wir kommen nicht im Körper an und können uns nicht regulieren, weil wir denken, wir hätten weder Zeit noch Energie, denn wir sind ja im Überlebensmodus. Wir fühlen uns verzweifelt, allein, isoliert.

Embodiment ist eine der wirksamsten Methoden, um aus diesem Kreislauf auszusteigen. Je mehr unverarbeitetes Trauma du in deinem System gespeichert hast, desto kleiner ist dein Toleranzfenster oder deine Komfortzone für Herausforderungen. Das heißt, du wirst schneller aus der Bahn geworfen und findest nicht so leicht in deine

Balance zurück. Mit Body Love aber erweitern wir deine Komfortzone, und du erfährst nach und nach Heilung. So kannst du immer freier und entspannter leben und größere Herausforderungen mit Leichtigkeit und Selbstliebe stemmen.

WIE BODY LOVE UNS SMARTER MACHT

Body Love lehrt uns nicht nur, wieder ganz im Körper zu leben, Vergangenes heilen zu lassen und all seine Ressourcen zu nutzen, wir trainieren damit auch unseren Geist. Das wiederum kann man auch in unserem biologischen Körper messen, genauer gesagt im Gehirn. Eine ausgeprägte Körper-Geist-Verbindung verändert nachweislich die Strukturen im Gehirn und das hat einen messbaren positiven Effekt auf unsere mentale und emotionale Gesundheit, es verbessert unsere Konzentrationsfähigkeit, die Gedächtnisleistung und natürlich unsere Selbstliebe. Es hilft sogar, das biologische Altern zu verlangsamen.

Wenn wir die Verbindung von Körper und Geist trainieren, indem wir uns auf im Alltag oft unbewusste, weil vom autonomen Nervensystem regulierte Vorgänge wie das Atmen konzentrieren, trainieren wir den dorsolateralen präfrontalen Cortex und ein paar andere Gehirnregionen, die für klares Denken, mentale Flexibilität, Planen und unseren Arbeitsspeicher zuständig sind. Es verhilft uns daher zu mehr Selbstkontrolle und gibt uns die Fähigkeit, unseren emotionalen Zustand zu regulieren. Unsere Nervenverbindungen dort werden dichter, und das Gehirn nimmt an Masse zu. Body Love macht uns also nicht nur verbundener mit unserem schönen Körper, sondern auch smarter.

Emotionale Heilung über den Körper

Wir haben uns wie alle lebendigen Organismen durch Evolution entwickelt. Seit etwa 3,5 Milliarden Jahren gibt es Leben auf diesem Planeten. Trial and Error unserer langen Entwicklung hat uns zu diesem Augenblick geführt, wo wir komplexe Zivilisationen gestalten und auf der Erde die dominante Spezies sind. Wäre unser Organismus nicht in der Lage, individuell und kollektiv mit schwierigen Emotionen und traumatischen Erlebnissen umzugehen und sie zu verarbeiten, wären wir Menschen bereits ausgestorben.

Emotionale Heilung folgt demselben Prinzip wie körperliche Heilung, und sie hat auch eine biologische Komponente. Genauso wie unser Körper Wunden selbst heilen kann, kann unser komplexes Körper-Geist-Seele-System unsere emotionalen Verletzungen und Traumata heilen. Unser System ist generell daran interessiert zu heilen, wieder Integrität herzustellen, wieder ganz und dabei stärker zu werden. So wachsen wir im besten Fall an unseren Herausforderungen, emotionalen Schwierigkeiten und bei der Bewältigung von Trauma. Wir werden resilienter und weiser.

In uns gibt es also eine Heilkraft, die in den diversen psychologischen Strömungen verschiedene Namen und Erklärungsansätze hat.[10] Spirituell betrachtet kann man diese unerschütterliche immerwährende Kraft Seele oder Lebensenergie nennen. Folgen wir unserem inneren Navigationssystem, ohne uns ihm in den Weg zu stellen, können wir an allen Herausforderungen wachsen — an denen, die wir im Augenblick meistern können, und auch an denen, die uns erst traumatisieren.

Das ist kein leichter Weg, denn das Leid, an dem wir wachsen wollen, ist real und schmerzhaft. Nicht jeder Schmerz führt automatisch zu Wachstum, und ein Trauma, das verkapselt bleibt, macht uns das Leben schwer. Meist ziehen wir die Menschen in unserer Umgebung mit hinein und verursachen so noch mehr Leid über Generationen hinweg. Deswegen müssen wir dem Impuls, vor dem Schmerz wegzulaufen, widerstehen, um zu wachsen. Sich um unsere geistig-emotionale Gesundheit zu kümmern ist nicht egoistisch, sondern unsere Verantwortung in der Gesellschaft auf dem Weg in eine bessere Zukunft.

Auf der Suche nach der Antwort, warum Psychotherapie so selten nachhaltig funktioniert, haben der Psychoanalytiker Eugene T. Gendlin und seine Kollegen Aufnahmen von Tausenden Therapiesitzungen unterschiedlichster Methoden untersucht. Dabei haben sie herausgefunden, dass nicht der Therapeut oder die Methode für den Therapieerfolg verantwortlich ist, sondern dass es etwas ist, das der Patient selbst in seinem Inneren, in Verbindung mit seinem Körper tut. Der Unterschied liegt darin, ob der Patient eine Verbindung zu etwas herstellen kann, das die Forscher den »Felt Sense« nannten.[11] Wörtlich übersetzt heißt das »der gefühlte Sinn«. Indem der Patient sich also mit dem oft unklaren Gefühl verband, konnte er durch die Weisheit seines Körpers positive Veränderungen in sich selbst erzeugen. Er konnte sein Leben und seine Probleme besser beurteilen und Krisen, Traumata oder Störungen überwinden. Aus dieser Erkenntnis ist die Therapiemethode Focusing entstanden, die meine Arbeit prägt.

Einige von uns nutzen ihre innere Weisheit bereits instinktiv, weil das Wissen darum in uns allen angelegt ist. Nur durch unsere Entfremdung von unserem Körper und unser Misstrauen ihm gegenüber schneiden wir uns davon ab.

Auch die moderne Traumaforschung hat festgestellt, dass unser Organismus natürlich und instinktiv in der Lage ist, sich selbst vom Trauma zu heilen, wenn wir ihn lassen.[12] Tiere leiden nicht an psychischen Problemen, solange sie nicht bei uns Menschen leben. Genauso haben wir, wenn wir uns auf unsere tierische Natur und unsere inhärenten Instinkte besinnen, die Möglichkeit, uns von Ängsten, Sorgen und sogar tiefem Trauma zu lösen. Heilung erfordert ein Erfahren unseres lebendigen fühlenden Organismus in seiner Gänze. Wir können auf unsere Weisheit vertrauen, unser Körper weiß unterbewusst so viel mehr, als wir mit unserem Geist erfassen können. Wir sind so viel mehr als unsere bewussten Gedanken und Gefühle.

Zugang zu deinem Felt Sense bekommst du, wenn du dich auf deinen Körper einlässt, lernst, ihn von innen wahrzunehmen und deine Emotionen und Stimmungen und Energieflüsse körperlich zu erleben. Durch Body Love kultivieren wir diese Fähigkeit. So wird dir mehr Weisheit, Energie und Power zur Verfügung stehen. Probleme können sich auflösen, indem sich durch einen erfahrenen körperlichen Shift deine Einstellung zu ihnen ändert.

DEIN GRÖSSTER NUTZEN AUS DIESEM BUCH

Das moderne Leben ist voller Ablenkungen, die uns weg von unseren Körpern und weg von uns selbst locken. Deswegen ist es gut, ein Ritual zu haben und jeden Tag gezielt ein paar deiner Lieblingsübungen aus diesem Buch zu machen und auf diese Weise immer wieder zu dir nach Hause zu kommen. Neuroplastizität braucht Zeit. Je mehr du übst, desto öfter bleibst du auch im Alltag bei dir. Wenn du es sein lässt, wächst wieder Gras über die neuen Pfade und du wirst unbewusst wieder wie auf Autopilot die alten Autobahnen des Lebens benutzen, auf denen du abgetrennt vom Körper lebst.

Egal, wo du auf dem Weg der Selbstliebe stehst, die Body-Love-Übungen werden dir jeden Tag etwas Neues geben und dir jeden Tag eine tiefere Begegnung mit dir selbst ermöglichen. Einige Übungen wirst du lieben, andere werden dich nerven. Nimm dir das heraus, was dir hilft, und lass dich auf den Prozess ein. An einigen Tagen wirst du einen Durchbruch oder vielleicht eine spirituelle Erfahrung machen, an anderen wirst du dich einfach nur etwas entspannter oder erholter fühlen.

MACH IMMER WEITER, VERLASS DICH SELBST NICHT.

Ich selbst habe früher oft den Fehler gemacht, nicht mehr weiterzumachen, wenn es mir gut ging, und die Übungen, die mich gerettet hatten, nur hervorzuholen, wenn ich wieder Hilfe brauchte. Etwas in mir hat in den Phasen, in denen es mir gut ging, gesagt: Das ist doch gut genug, besser brauchst du es nicht. Doch das ist nicht wahr. Es geht immer weiter, und es wird immer besser. Es gibt keine Grenze nach oben. Es gibt keine Grenze zu dem, was du genießen kannst und wie sehr du dich selbst entfalten kannst. Deine Entfaltung nimmt niemandem was weg - im Gegenteil: Sie bereichert die Welt.

Ich empfehle dir, jeden Tag eine Body-Love-Übung zu machen und wenn du Zeit hast, gern mehr. Je mehr du machst, desto mehr wirst du bekommen. Viele der Übungen lassen sich auch im Alltag praktizieren. Es ist gut, jeden Tag bewusst zu üben, um die Baseline zu halten. Ideal ist das mit einem Morgenritual.

DEIN MORGENRITUAL

Keine Sorge, ich werde dir keine nervige Morgenroutine vorschreiben. Aber ich möchte dich einladen, bereits am Morgen im Bett einige Minuten mit deinem Körper in Kontakt zu kommen. Das wird eure Beziehung jeden Tag vertiefen und dir so über die Zeit zu einem sinnlicheren Körper- und Lebensgefühl verhelfen. Viele Frauen haben morgens bereits Stress. Sie denken, sie hätten nicht genug geschlafen, fühlen sich müde oder schon jetzt überfordert vom Tag. Um aus diesem Kreislauf auszusteigen, ist es gut, deine Aufmerksamkeit auf deinen sinnlichen Körper zu lenken. Hier sind einige Inspirationen:

1. Frage dich: Wie geht es dir? Hast du geträumt?
2. Hast du Gedanken? Was geht in dir vor?
3. Welche Emotionen sind präsent?
4. Wie fühlt sich dein Körper? Was spürst du mit deinen Sinnen?
5. Nimm dir Zeit, dich genüsslich zu rekeln und zu strecken. Spüre dabei die Schwerkraft und die Weichheit und das Material deines Bettes und der Decke. Rolle genüsslich im Bett hin und her oder kuschel mit deinem Partner.
6. Mach ein oder zwei Body-Love-Übungen deiner Wahl im Bett.

Wenn du möchtest: Mach ein festes Ritual daraus, jeden Morgen nach dem Aufstehen zehn Minuten Body-Love-Übungen zu genießen. Mit nur zehn Minuten täglich kannst du über den Zeitraum von einer Woche, einem Monat oder gar einem Jahr eine Menge in deinem Leben verändern. Dieses Body-Love-Morgenritual kann dir in allen Lebenslagen Halt geben und dich täglich daran erinnern, dich selbst nicht zu verlassen.

Wenn du häufig erschöpft aufwachst, weil du Schlafprobleme hast, findest du im Kapitel »Erholsamer Schlaf« Hilfe.

EIN TÄGLICHES RITUAL MIT DEINEN LIEBLINGS-ÜBUNGEN BRINGT DICH IMMER TIEFER ZU DIR NACH HAUSE. NEURO-PLASTIZITÄT BRAUCHT ZEIT. JE MEHR DU ÜBST, DESTO ÖFTER BLEIBST DU AUCH IM ALLTAG BEI DIR.

DEINEN KÖRPER RICHTIG KENNEN- LERNEN

Als Tänzerin habe ich mich ausgiebig mit allem beschäftigt, was zu meiner Körperlichkeit gehört. Auch mit Anatomie, denn ich wollte meinen Körper und sein Bewegungspotenzial besser verstehen und mich aus meinem Inneren heraus bewusster und wahrer ausdrücken können. Das Erleben meines Körpers in seinem detaillierten Aufbau und seiner Arbeitsweise hat mich zutiefst berührt. Es war wie ein Nachhausekommen, in Tausenden Schritten. Den Körper, dieses Naturwunder, in seinen Funktionen und seiner Schönheit zu verstehen eröffnet uns einen freieren und liebevolleren Blick auf uns selbst. Lernen wir ihn also erst einmal biologisch ganz neu kennen.

Keine Sorge, hier folgt jetzt keine trockene Anatomiestunde. Wir werden unsere Anatomie von innen heraus erleben. Die mechanistische Sichtweise aus dem Biounterricht ist überholt. Wissenschaftler sehen unsere Körper nicht mehr als eine Ansammlung von Zellen, sondern als intelligentes lebendiges System, das ständig im Werden ist. Diese Sichtweise eröffnet uns ein neuartiges Erleben.

Wir haben etwa 205 Knochen, die genaue Zahl ist von Mensch zu Mensch unterschiedlich. Sie wiegen zusammen nur sieben Kilo, können aber bis zu 600 Kilo tragen. Sie sind die härtesten Elemente in unserem Körper und die Teile, die nach unserem Tod am längsten überdauern. Durch ihren Aufbau sind Knochen stabil und gleichzeitig so elastisch, dass sie Druck und Zug, leichter Biegung und Drehung standhalten. Sie sind durch Gelenke, Sehnen, Bänder und Muskeln zu einem beweglichen Skelett miteinander verbunden. Forscher sehen sie heute als verknöcherte Bestandteile des Fasziensystems an.[13] Aber sie sind keinesfalls nur der passive Teil unseres Bewegungsapparates, sie sind selbst lebendige, gut durchblutete Organe aus verschiedenen Geweben. Außen sehr dicht, haben sie im Inneren statisch optimierte Hohlräume, was sie stark, aber dennoch leicht macht. In den Hohlräumen, im roten Knochenmark, werden aus den Stammzellen die Zellen fürs Immunsystem und Blutkörperchen hergestellt.

Es gibt drei Arten von Knochenzellen: Die Osteoblasten bauen den Knochen auf, die Osteoklasten bauen ihn ab und die Osteozyten füllen die Innenräume zu einem guten Teil, aber nicht vollständig, auf. Das Zusammenspiel dieser Zellen wird vor allem durch Bewegung bestimmt: Wenn wir unsere Knochen belasten, werden sie aufgebaut, wenn wir sie nicht benutzen, wieder abgebaut. Für Frauen ab der Menopause ist es besonders wichtig, die Knochen regelmäßig zu belasten, durch das Heben von Gewichten, aber auch durch Hüpfen und Springen.

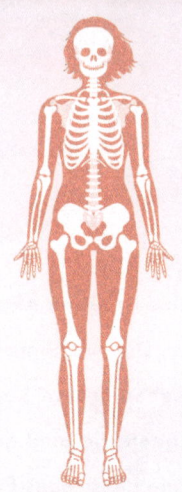

DEIN SKELETT ERFAHREN

RELAX

1. Leg dich bequem direkt auf den Boden oder auf eine Matte.

2. Stell dir vor, dass durch deine Mitte vom Scheitel bis zu den Zehen eine Linie verläuft und du dich an dieser Mittellinie spiegelsymmetrisch ausrichtest. Deine Wirbelsäule liegt also ganz exakt auf der Linie auf, und deine Beine und Arme sind jeweils auf derselben Höhe und haben denselben Abstand zur Mittellinie.

3. Jetzt wirst du dein Skelett erforschen, ohne die Position zu verändern. Du nimmst nur wahr. Versuche, dein Skelett in deinem Körper zu erspüren. Fühle die Schwere deiner Knochen. Welcher Körperteil ist am schwersten? Die Hüfte? Der Kopf?

4. Nimm wahr, wie deine Fersen auf der Erde aufliegen, links und rechts. Liegen sie genau gleich auf oder fühlt sich eine Seite anders an als die andere? Was genau ist der Unterschied?

5. Spüre jetzt deine Schienbeine, kannst du ihr Gewicht wahrnehmen? Wie empfindest du es? Neben dem kräftigen Schienbein ist außen noch das feinere Wadenbein. Kannst du das wahrnehmen?

6. Spürst du deine Kniescheiben? In welche Richtung zeigen sie jeweils?

7. Wie fühlen sich deine Oberschenkelknochen an? Kannst du spüren, an welcher Stelle sie ins Hüftgelenk ragen?

8. Erkunde jetzt dein Becken: dein Steißbein (das Schwänzchen) und das Kreuzbein, die Stelle der Wirbelsäule, die mit den beiden Beckenknochen zusammen das Becken bildet. Deine Beckenschaufel links und rechts. Ist eine Seite schwerer? Spürst du sonst einen Unterschied?

9. Geh dann die Wirbelsäule entlang nach oben, zwischen den Rippen hindurch, bis du zum Kopf kommst. An welchen Stellen berührt deine Wirbelsäule die Erde? In welchem Abschnitt ist Luft zwischen deiner Haut und dem Boden? Wie viel Raum ist da? Kannst du die Millimeter oder Zentimeter schätzen?

10. Genieße, wie deine Rippen auf der Erde aufliegen. Gibt es einen Unterschied zwischen den beiden Seiten?

11. Kannst du deine Schulterblätter spüren? Liegen sie gleichmäßig auf? Kannst du ihre Form wahrnehmen?

12. Wie liegen die Oberarme auf? In welchem Winkel zur Wirbelsäule? Kannst du das ungefähr abschätzen? Sind beide Arme gleich weit vom Körper entfernt? Sind sie gleich ein- oder ausgedreht?

13. Sind deine Ellbogen gebeugt oder gestreckt? In welchem Winkel?

14. Wie liegen deine Unterarme auf? Sind sie symmetrisch? Wenn nein, was genau ist der Unterschied? Du hast hier zwei Knochen: Elle und Speiche. Kannst du das wahrnehmen?

15. Wie liegen deine Hände auf, mit der Handfläche nach oben oder nach unten? Wie fühlt sich die linke Hand an und wie die rechte? Wie genau ruhen deine Finger?

16. Geh nun zum Kopf. Wie genau liegt er auf? Gerade? Gucken deine Augen geradeaus auf die Decke oder eher nach oben oder unten, nach rechts oder nach links? Ist dein Hals eher lang und gerade oder hat er eine Kurve?

17. Spüre jetzt dein gesamtes Skelett und wie es in deinem Körper platziert ist. Fühle, wie die schweren Bereiche die leichteren, weicheren Teile nach unten drücken.

DEINE KNOCHEN ALS LEBENDIGE ORGANE

1. Mach es dir bequem, entspanne deinen Körper und verbinde dich mit deinen Knochen, so wie du sie in der vorherigen Übung schon kennengelernt hast.

2. Stell dir vor, wie lebendig deine Knochen sind, wie sie ständig aufgebaut, abgebaut und wieder erneuert werden.

3. Visualisiere, wie vor allem in den Knochenenden und in den flächigen Knochen wie im Becken ständig neue Blutkörperchen hergestellt werden.

4. Genieße dieses lebendige Gewusel. Du bist ein lebendiger Organismus. Wie empfindest du dich mit diesem Wissen?

Geschmeidige Gelenke

Deine rund 140 Gelenke brauchen täglich Bewegung, um gesund zu bleiben. Nachdem ich als professionelle Tänzerin Fuß- und Knieprobleme entwickelt hatte, die nach Meinung der Ärzte irreversibel waren, bin ich den Gelenken auf den Grund gegangen und konnte meinen Körper letztlich beim vollständigen Heilen unterstützen. Dabei habe ich für mich und meine Schülerinnen das folgende Gelenk-Warm-up entwickelt. Es ist nicht nur gesund, sondern auch sinnlich wohltuend. Ich mache es seit über sechzehn Jahren fast jeden Tag, und es ist fester Bestandteil jeder meiner Essence-Stunden. Es ist hervorragend, um deinen Geist in jede Region deines Körpers zu bringen, es mobilisiert und stärkt alle Gelenke des Körpers. Außerdem stimuliert es die Produktion von Gelenkflüssigkeit, die die Knorpel nährt, jung hält, Reibung verringert und es dem Körper erlaubt, sich effektiv und elegant zu bewegen.

SPÜRE, WIE JEDES GELENK DURCH BEWUSSTES BEWEGEN IMMER GESCHMEIDIGER WIRD.

ELEGANTES GELENK-WARM-UP FÜR JEDEN TAG

Mach jede Bewegung in jede Richtung mindestens vier Mal. Bewege alle Gelenke in ihrem vollen Bewegungsspielraum. Das ist sehr wichtig für ihre Gesundheit.

1. Balanciere auf einem Fuß – wenn möglich, ohne dich irgendwo festzuhalten, die Balance an sich ist bereits ein tolles Training für dein Standbein und deine Rumpfstabilität. Kreise die Zehen des freien Fußes in einem möglichst großen Kreis um deinen Köchel. Bewege dabei möglichst auch alle Zehen. (Bild 1) Wechsle dann die Richtung.

2. Bleib auf diesem Fuß stehen und bewege deinen freien Fuß nun in Schlangenbewegungen: Drück den Ballen weg von dir, wie wenn du im Auto aufs Gaspedal trittst, streck dann die Zehen von dir wie eine Ballerina. Lass jetzt die Zehen da, aber hole den Ballen zu dir zurück, so als wolltest du mit deinen Zehen etwas zu dir ziehen. Knete deinen Fuß so herzhaft und sinnlich durch und bewege dabei jede einzelne Zehe. Schüttel den Fuß aus und vergleiche, wie sich beide Füße jetzt anfühlen. Spürst du einen Unterschied? Hat diese Massage vielleicht eine Auswirkung auf deinen ganzen Körper bis zum Kopf? Wiederhole Schritt eins und zwei mit dem anderen Fuß.

3. Heb jetzt dein Knie auf Hüfthöhe an und streck deinen Fuß und Unterschenkel von dir weg wie eine Ballerina. Lass deinen Oberschenkel in dieser Position, aber winkel dein Knie an, sodass der Fuß zum Po kommt. Das Kniegelenk ist komplex, aber vereinfacht kann man es sich als ein Scharnier vorstellen, das du von Anschlag zu Anschlag bewegen kannst. Erkunde den gesamten Bewegungsspielraum und die Flexibilität deines Knies. (Bild 2)

3.

4.

4. Bleib auf demselben Bein stehen, lass das Knie gestreckt und kreise Unterschenkel und Fuß um das Knie herum. Weil das Knie selbst den Unterschenkel nur vor- und zurückbewegen kann, wird jetzt auch das Hüftgelenk mobilisiert. Kannst du das fühlen? Wechsle die Richtung. Wiederhole dann noch mal die Vor- und Zurückbewegung und schüttel das Bein aus. Stell es ab und spüre nach: Wie hat sich die Bewegung ausgewirkt? Wiederhole Schritt 3 und 4 mit dem anderen Bein.

5. Stell deine Beine nun schulterbreit auseinander und schieb die Hüfte von Seite zu Seite. Schiebe sie dann von links nach vorn, dann nach rechts und dann nach hinten. Verbinde alle Punkte zu einem riesigen Hüftkreis. Genieße, wie sich die Muskeln und Gewebe um deine Hüftgelenke dehnen und mobilisieren. Wechsle dann die Richtung. (Bild 3)

6. Roll deine Wirbelsäule vom Kopf aus nach unten. Spüre dabei, wie sich jeder einzelne Wirbel löst. Schau jetzt zuerst mit dem Gesicht nach vorn und komm mit einem Hohlkreuz nach oben. Das Ganze sollte sich wie eine Welle anfühlen, eine richtige Massage des gesamten Rückens, Torsos und aller Organe.

7. Kipp deinen Oberkörper nun mit geradem Rücken nach vorn und dann nach unten, bis dein Kopf hängt. Von hier aus rolle Wirbel für Wirbel nach oben, bis du aufrecht stehst.

8. Stell dich weiter als schulterbreit hin und schwing deine Wirbelsäule von Seite zu Seite. Wenn du nach links schwingst, hebst du deinen rechten Arm und umgekehrt. Genieße, wie sich dein Brustkorb seitlich öffnet und immer geschmeidiger wird.

9. Bleib in dieser Beinposition, streck deinen rechten Arm gerade nach oben, verlagere dein Gewicht nach rechts und beug dein rechtes Knie so, dass deine Hüfte nach unten kommt. Stell dir vor, dass deine Hüfte nach unten schmilzt, strecke die rechte Seite. Wechsle zur anderen Seite und tanze so hin und her. (Bild 4)

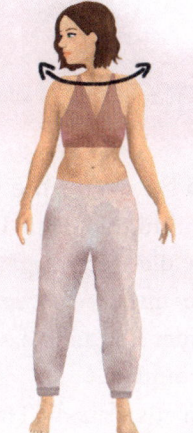

5.

6.

10. Kreise in den Handgelenken und bewege jeden Finger mit, wechsle dann die Richtung.

11. Forme jetzt Schlangenbewegungen mit deinen Händen, werde kreativ und bewege wirklich alle Gelenke in deinen Händen.

12. Streck deine Arme zur Seite. Lass die Ellbogen stehen und bring die Unterarme im 90-Grad-Winkel nach unten, sodass die Unterarme wie Uhrzeiger um die Ellenbogen kreisen. Kreise dann nach innen zur Brust und nach oben. Wechsle die Richtung. (Bild 5)

13. Strecke deine Arme nach vorn, sodass sich auch dein Schultergürtel dehnt, dann nach oben, nach hinten, so weit es geht, und dann wieder nach unten. Kreise deine Arme so in den Schultergelenken. Wiederhole das in die andere Richtung.

14. Kreise die Arme abwechselnd: Ein Arm geht vor, der andere zurück. Spüre dabei deine Wirbelsäule als deine Mittellinie und bleib zentriert. Wechsle die Richtung.

15. Kreise die Schultern: zusammen vor, dann zurück, jetzt abwechselnd vor und zurück.

16. Bring dein Kinn abwechselnd Richtung Bauchnabel und Richtung Decke.

17. Bewege dann dein rechtes Ohr zur rechten Schulter und schmelze in die Dehnung hinein. Geh dann nach links ... und wechsle langsam hin und her.

18. Dreh den Kopf horizontal behutsam nach rechts und dann nach links. (Bild 6)

19. Ganz bewusst und langsam: Kreise deinen Kopf, beginnend am höchsten Punkt der Wirbelsäule, und nimm immer weitere Wirbel dazu, bis sich dein ganzer Brustkorb, Schultergürtel und Oberkörper bewegt. Öffne deinen Brustkorb in alle Richtungen. Wenn du das Kopfkreisen ganz sanft machst, ist es unbedenklich und emotional sehr befreiend. Wechsle die Richtung.

20. Jetzt hast du alle Gelenke deines Körpers einmal durchbewegt. Spüre nach: Wie fühlt sich dein Körper jetzt? Geschmeidiger? Geerdeter? Lebendiger? Leichter?

Eine flexible Wirbelsäule

Für dein Körpergefühl und deine Lebensqualität ist es essenziell, deine Wirbelsäule jeden Tag in alle Richtungen zu bewegen. Das Becken und die Wirbelsäule sind das Zentrum des Bewegungsapparates. Dort setzen alle Gliedmaßen an, aber dort befindet sich auch das Rückenmark, das das Gehirn mit allen Nerven im Körper verbindet.

Man geht davon aus, dass die Hälfte aller Menschen im Alter zwischen vierzig und fünfzig einen (meist unbemerkten) Bandscheibenvorfall hat und dass gut zwei Drittel unter einer Bandscheibendegeneration leiden.[14] Doch das alles muss nicht sein. Wenn du deine Wirbelsäule täglich mobilisierst, hältst du Wirbel, Bandscheiben und Nerven geschmeidig und vital. Das elegante Gelenk-Warm-up eignet sich hervorragend dafür, ebenso die Übungen im Kapitel zum »weiblichen Tanz«.

Wenn du die gesamte Wirbelsäule flexibel und stark hältst, beeinflusst das alle umliegenden Strukturen inklusive der Organe. Alles wird gut durchblutet, genährt, durch den angekurbelten Lymphfluss entgiftet und somit gesund erhalten. Die Bewegungen stärken die Rücken- und Rumpfmuskulatur und halten die Faszien geschmeidig. Auch die Organe werden von Faszien und Bändern an ihrem Ort gehalten – und wenn wir den Rumpf nicht bewegen, stagniert die Vitalität, und bald hängt alles schlaff herum. Ein vitalisierter, fitter Rumpf mit gesunden Bändern hält alle Organe an Ort und Stelle und erlaubt ihnen die Bewegung, die nötig ist.

WIE DEIN KÖRPER MIT DIR KOMMUNIZIERT

»Arrgh, ich wusste es! Ich hatte da so ein Gefühl. Hätte ich mir doch Zeit genommen, darauf zu hören!« Wie oft denken wir so etwas im Nachhinein? Bewusst können wir nur eine begrenzte Anzahl an Informationen aufnehmen und verarbeiten. Unser Körper aber nimmt, beispielsweise in einer Begegnung, die ganze Situation wahr, auch die Absichten der anderen Person, die durch unterschwellige Signale unbewusst über ihren Körper kommuniziert werden. Forscher haben herausgefunden, dass wir Lügen viel besser mit unserem Körper erkennen als mit unserem Geist.[15] Der Körper nimmt alles wahr, und er vergisst nichts. Unser bewusstes Gedächtnis hingegen ist ziemlich eingeschränkt und arbeitet oft fehlerhaft. Studien zeigen: Je öfter wir uns an eine Begebenheit erinnern, desto mehr verfremden wir sie. Forscher waren sogar in der Lage, Teilnehmern falsche Tatsachen als ihre eigenen Kindheitserinnerungen zu verkaufen. So etwas lässt sich mit unserem weisen Körper nicht machen. Und über ihn haben wir Zugang zu all den unbewussten Informationen.

Dein Körper kommuniziert mit dir auf vielen Kanälen. Darüber kann er dir unmittelbar etwas mitteilen oder dir antworten, wenn du ihm eine Frage stellst. Meist sind wir zu entfremdet und taub für seine Sprache, und so verpassen wir die weisen unterschwelligen Informationen. Oft fällt uns im Nachhinein ein, dass unser Körper uns vor einer Situation gewarnt hatte, mit einem flauen Gefühl, einer unerklärlichen Unlust, einer plötzlichen Krankheit oder in Träumen. Doch wir waren entweder zu stumpf, um die wertvollen Signale zu empfangen, oder zu arrogant, um sie zu beherzigen.

JOURNALING: SUBTILE WARNUNGEN

Erinnerst du dich an eine Situation, in der dich dein Körper subtil gewarnt hat, du aber nicht auf ihn gehört hast? Was genau waren seine Zeichen? Was hat dich davon abgehalten, innezuhalten und nachzuspüren?

Wenn du dich für die Sprache deines Körpers sensibilisierst, wirst du dich auf vielen verschiedenen Ebenen mit ihm austauschen können. Ich gebe dir hier gleich eine Auflistung der wichtigsten Kanäle, damit du sie einzeln kennenlernen kannst. Schau, welche Kanäle du bereits benutzt, und übe auch die, die dir so gar nicht vertraut sind. Oft sind gerade dort, wo wir taub sind, wichtige Schätze der Selbsterkenntnis versteckt.

In der Regel empfangen wir über die Kanäle, die wir ganz oft benutzen, praktische und alltagsnahe Informationen. Wenn wir Kanäle ansteuern, die wir normalerweise nicht bewusst benutzen, werden uns die Botschaften unseres Körpers eher etwas mystischer und traumartiger erscheinen. Ich zum Beispiel habe auf meiner Körper-Kommunikationsreise schon immer Bilder vor meinem inneren Auge gesehen und körperliche Reaktionen wahrgenommen, noch bevor ich eine Emotion ausmachen konnte. Als ich das erste Mal von einem »Hörkanal« erfuhr, konnte ich mir gar nichts darunter vorstellen. Doch beim Hinlauschen habe ich direkt Schreie gehört, die mich bis ins Mark trafen. Es waren offenbar Schreie aus meinem Inneren. Sie waren die ganze Zeit unterm Radar, während sie mein Leben unterbewusst geprägt haben.

Den Begriff »Kanäle« habe ich von Maria Sanchez übernommen, er kommt aus der prozessorientierten Psychologie nach Arnold Mindell. Ich habe ihn für meine Methode zum Körper-ABC erweitert. Du kannst dir die Kanäle wie die verschiedenen Arten der Medien vorstellen: diverse Zeitungen, Fernsehsender und Social-Media-Kanäle. Da wirst du auch eine Vorliebe haben, du wirst die meisten Informationen über bestimmte Kanäle empfangen und andere gar nicht nutzen. Um sich ein umfassendes Bild der Lage zu machen, ist es nützlich, verschiedene Kanäle zu beachten. Sonst entstehen blinde Flecken und dein Weltbild ist eventuell nicht im vollen Spektrum der Realität verankert. Dasselbe gilt für deine wunderbar komplexe Innenwelt, aus der du in der Kommunikation mit deinem Körper viel erfahren kannst.

Lies dir das folgende ABC am besten ganz durch und probiere die dazugehörige Übung ein paarmal für dich aus. So wirst du nach und nach auch im Alltag in ruhigen Minuten und vor allem bei deinen Body-Love-Übungen mehr Informationen von deinem Körper bekommen.

Kommunikations-ABC

- **Emotionen:** Dein Körper kommuniziert mit dir über Emotionen. Du spürst zum Beispiel Freude oder Traurigkeit, größtenteils in der Region um Herz und Bauch, doch sie können im ganzen Körper auftauchen. Emotionen haben immer eine körperliche Komponente, die uns aber nicht unmittelbar bewusst sein muss. Wir sagen nicht von ungefähr »Mir schnürt es vor Trauer die Kehle zu« oder »Ich habe ein flaues Gefühl in der Magengegend« oder »Ich habe Wut im Bauch«.

- **Körperliche Empfindungen:** Du spürst Sensationen in deinem Körper wie Wärme, ein Ziehen, eine Verspannung, einen Druck. Diese körperlichen Empfindungen können auch Farben, Texturen oder Bilder enthalten. Zum Beispiel sagst du dann: »In meinem Herz sticht etwas, wie ein Nagel« oder »Mein Becken fühlt sich warm und golden an«.

- **Bilder:** Du siehst vor deinen inneren Augen Bilder. Visionen der Zukunft oder Erinnerungen. Das kann realistisch, symbolisch oder ganz abstrakt sein in Form von Texturen und Farben. »Ich sehe zwei Kinder wie Hänsel und Gretel im Wald«, »Vor mir taucht eine Eule auf«, »Ich bin ein goldener Buddha, und vor mir öffnet sich ein Tal mit Tausenden von Menschen« oder einfach »Ich sehe ein weißes Licht«.

- **Gerüche:** Du nimmst Gerüche wahr. Oft sind sie an Erinnerungen und Bilder gekoppelt. »Ich nehme den Geruch von Gipsbandagen wahr«, »Das ist wie der Geruch einer staubigen Straße, wie da, wo meine Oma gelebt hat«.

- **Geschmack:** Du schmeckst etwas, als hättest du etwas im Mund. Zum Beispiel nimmst du einen metallischen Geschmack wahr oder etwas Konkretes wie Apfelkuchen.

- **Gehör:** Du nimmst Geräusche wahr – wie Schreie, eine Melodie, ein Lied, Wort oder ganze Sätze oder auch Stille. »Auf einmal ist da eine Totenstille, es ist total friedlich« oder »Ich höre einen stetigen Tropfen auf eine Wasseroberfläche tropfen, wie in einer Tropfsteinhöhle«.

- **Gedanken:** Du hast ganz konkrete Gedanken. »Das kommt gar nicht in die Tüte!« oder »Er fühlte sich verletzt, deswegen hat er das so gesagt«.

- **Mimik:** Das ist ein wenig bekannter Kanal, der bei mir seit meiner Reiki-Ausbildung sehr aktiv ist: Mein Gesicht macht eine Mimik, ich bemerke das und interpretiere die dazugehörige Emotion oder die dazugehörige Person oder das Tier, die etwas für mich symbolisieren. »Meine Nasenflügel weiten sich wie bei einem angegriffenen Stier in der Arena, der voller Wut und Empörung ist.« Oder: »Ich ziehe meine Nase nach oben, es ist wie ein Ausdruck des Abscheus, den ich von einer Oma kenne.«
- **Körperlicher Ausdruck:** Du beobachtest, wie dein Körper einen Bewegungsimpuls oder Handlungsimpuls zeigt, und folgst ihm. Oder du bemerkst gleich, wie dein Körper etwas tut. Zum Beispiel: Die Schultern ziehen sich nach oben, der Hals verdreht sich, die Füße möchten sich strecken. »Ich muss mich jetzt hier strecken und in die verspannten Stellen einatmen.« Oder: »Mein Kopf will nach hinten fallen, das fühlt sich richtig an.«

KÖRPERKOMMUNIKATIONS-ABC

Nimm dir zwanzig ungestörte Minuten Zeit, um dein Körper-ABC zu erlernen.

1. Setz dich bequem hin und schließe die Augen. Denk an eine Konfliktsituation in deinem Leben. Was beschäftigt dich gerade? Worüber grübelst du oder wo kannst du dich nicht entscheiden? Wenn dir nichts einfällt, nimm eine Beziehung zu einer dir nahen Person. Lass diesen Konflikt oder diese Beziehung vor deinem inneren Auge auftauchen.
2. Geh nun durch die Liste der Kommunikationskanäle deines Körpers und schau, auf welchen Kanälen du von deinem Körper welche Informationen dazu bekommst.
3. Wenn du magst, schreib sie dir auf. Probiere alle Kanäle durchzugehen, auch wenn sie dir vielleicht bereits die ersten bahnbrechenden Einsichten bringen. Mach dir die Notiz und geh weiter. Das ist nicht die letzte Chance, mit deinem Körper zu sprechen, und du kannst hier erst mal üben, auf allen, auch den ungewohnten Kanälen, zu empfangen.

Wenn du merkst, dass du Botschaften bekommst, die nichts mit dieser Übung zu tun haben, kann es sein, dass dein Körper dir erst mal eine ganze Menge andere Dinge erzählen möchte. Es kann sein, dass er die Chance nutzt, sich endlich Gehör zu verschaffen. Oder es kann sein, dass dein Körper mit dir nicht über diese Situation oder Person sprechen möchte, weil er dir noch nicht traut. Deswegen sendet er ablenkende Gedanken oder Bilder. Vielleicht wird dein Körper auch sehr müde oder du verlierst die Geduld und willst etwas anderes machen. Auch das sind Zeichen, dass dein System nicht ans Eingemachte gehen möchte.

Dieses Ausweichen passiert Frauen, die sich noch nicht so gut kennen, ganz oft in meinen Kursen bei den Meditationen. Es ist ganz normal. Lass es am Anfang geschehen, um zu sehen, was bei dir los ist und was du brauchst. So lernst du dich immer näher kennen. Wenn es nach einigen Malen immer noch passiert, können wir davon ausgehen, dass dein Körper dich ablenkt, weil er nicht an unbequeme Wahrheiten möchte. Bleib dann wach dabei und stell die störenden Gedanken mit dem Satz beiseite: »Danke, das gucken wir uns später an, jetzt möchte ich diesen Weg gehen.« Wenn die Gedanken zu laut sind, kannst du sie auch bildlich in ein Einmachglas stecken und dann in ein Regal stellen, in dem du diese Dinge sammelst, um sie dir später noch mal anzuschauen.

Du wirst merken, dass es ein ziemlich interessantes Gefühl ist, einen ganz neuen Weg einzuschlagen, gegen dein eingefahrenes Selbstbetäubungssystem. Bei mir kribbelt das sogar im Gehirn, als wenn ich spüren könnte, wie neue Verbindungen geknüpft werden. Du baust sozusagen eine Schneise in deinem Nervensystem. Das erfordert am Anfang noch Aufwand und Konzentration, aber aufgrund der Neuroplastizität wird die Kommunikationsstraße bald immer breiter und freier. Neue Richtungen einzuschlagen wird dich vielleicht nicht unbedingt heute, aber über die Zeit freier machen. Es hat auf viele andere benachbarte oder auch entferntere Bereiche in deinem Leben einen Effekt. Du wirst merken, dass du dich vielleicht nur mit deinem Körpergefühl beschäftigst, aber dass sich dadurch auch andere Dinge lösen, wie zum Beispiel dein ewiges Zuspätkommen oder dein ständiges Kleinbeigeben in Konflikten. Mit deinen jetzt immer feiner werdenden Antennen für deinen Körper wirst du mehr innere Weisheiten empfangen. Direkt im Alltag, aber auch wenn du vor schwierigen Entscheidungen stehst oder wissen willst, warum dein Körper bestimmte Symptome oder Krankheitsbilder zeigt.

Jetzt weißt du, wie dein Körper mit dir spricht. Aber wie sprichst du mit deinem Körper? Das kann auch in Gedanken sein, denn dein Körper spürt und weiß alles, was du denkst. Du kannst ihm nichts verheimlichen. Deine Kommunikation mit deinem Körper kannst du denken, aber auch aufschreiben oder mit Gesten, Lauten und Bewegungen unterstreichen, du kannst kreativ werden und sie malen, komponieren oder konkrete Handlungen dafür machen. Wie gesagt, dein Körper bekommt alles mit, es kommt auf deine Intention an.

VOM OBJEKT ZUM ICH

Kennst du das Spiegelgesicht-Phänomen? Auf Social Media oder in Videocalls können wir es bei uns und bei anderen gut beobachten. Vielleicht bist du aber auch frei davon, teste es selbst. Immer wenn wir vor den Spiegel treten oder uns selbst auf dem Bildschirm sehen, verziehen und verdrehen wir mit ganz kleinen Bewegungen unser Gesicht in eine Position, die uns besonders gut gefällt. Dieser Vorgang läuft ganz automatisiert ab. Wir haben ein Idealbild von uns selbst, dem wir gern entsprechen möchten. So wie wir dann für uns selbst aussehen, sehen wir aber in Wirklichkeit mit einem entspannten Gesicht nicht aus. Und erst recht nicht, wenn wir Emotionen zeigen. Das verdeutlicht, dass wir nur bestimmte Teile von uns selbst mögen und andere nicht sehen (und zeigen) möchten.

Dieses Phänomen wird von vielen auf den ganzen Körper ausgeweitet. Du kannst es bei dir, aber auch bei Freunden oder in Geschäften mit Spiegeln beobachten. Schau, wie sich die meisten Menschen, sobald sie sich selbst irgendwo sehen, in eine möglichst vorteilhafte Position bringen und zum Beispiel unbewusst den Bauch einziehen.

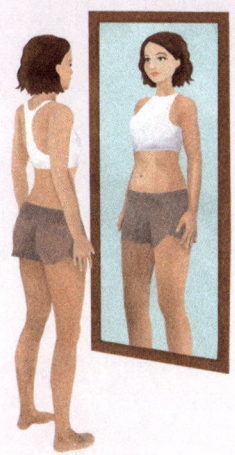

SPIEGELÜBUNG: DAS IST ES

Ich lade dich hier zu einer Übung ein, die dir helfen wird zu sehen, wie du wirklich (für dich) aussiehst, und zu lernen, dir selbst ganz zu begegnen. Auch den Teilen, die du nicht so gern magst.

1. Tritt vor den Spiegel. Beobachte, wie du deinem Spiegelbild begegnest. Was fühlst du?
2. Schau auf dein Gesicht: Ist es entspannt? Oder hast du da eine Spannung, um dir möglichst gut zu gefallen? Vielleicht hast du generell eine Spannung im Gesicht? Beobachte einfach nur.
3. Lass nun alle Spannung los, soweit es geht, und steh einfach so da. So wie du zum Beispiel auch unbeobachtet beim Arbeiten oder beim Autofahren bist.
4. Wer schaut dich an? Nimm dir Zeit, mit der Person im Spiegel in Kontakt zu treten. Vielleicht siehst du auch ganz unterschiedliche Personen.
5. Nun schau dir dein Gesicht ganz einfach nur an. Wie sind die Augen, die Lippen? Welcher Ausdruck herrscht vor? Ist er friedlich, entspannt, müde, angespannt?
6. Welche Gefühle tauchen in dir dabei auf?
7. Das bist du. Genau das hier und nicht dein Idealbild. Kannst du damit leben?
8. Probiere diesen Satz aus: »Das bin ich. In diesem Körper verbringe ich mein Leben. Bis an mein Lebensende.« Wie fühlt sich das an?

Als ich diese Übung für mich entwickelt habe, war es sehr berührend, wirklich einfach Ja zu mir selbst zu sagen. Ohne Wunschvorstellungen, ohne Begutachtung. Das heißt nicht, dass ich mich sofort schön fand. Ich habe mich sehr an meine Verwandten erinnert, und das war erst mal alles andere als angenehm. Falls dir das auch passiert und falls es dich belastet: Ja, du siehst dieser oder jener Person aus deiner Familie ähnlich, aber du bist du. Du bist du, und dein Körper ist anders und einzigartig. Er ist dein Körper, selbst wenn du viel von deiner Familie geerbt hast.

Entwaffne die Objektifizierung!

Wir objektifizieren unsere eigenen Körper und genauso objektifizieren wir auch andere Körper. Das hat Folgen für unser Selbstbild. Studien zeigen, dass die Auswirkungen dabei geschlechterspezifisch sind. Wenn eine Frau für ein paar Sekunden einen objektifizierenden Blick von einem Mann erfährt, schneidet sie im anschließenden Mathetest schlechter ab als Frauen, die keinen solchen Blick bekommen haben. Wird ein Mann vor seinem Mathetest dem beurteilenden Blick einer Frau ausgesetzt, kann man keinen Effekt sehen.[16]

GEDANKEN-EXPERIMENT

Probier mal Folgendes aus. Sag dir: »Mein Körper ist mein Körper, er ist mein Zuhause und für mich da, nicht für andere. Ja, ich werde beurteilt, aber die anderen können machen, was sie wollen. Mein Körper ist stark und nicht mit Blicken angreifbar.«

Wenn wir offensiv objektifiziert werden, steckt meist ein Dominanzverhalten dahinter, wie bei anderen Säugetieren. Die Person, die starrt, rechnet damit, dass du dich schlecht fühlst und ausweichst. Vom Nervensystem aus betrachtet ist es eine Art abgemilderter Freeze-Zustand (auch Fawn genannt), wobei dein Körper die angespannte Situation entschärft, indem du eben tatsächlich mit deinem Blick ausweichst und somit nachgibst. Werden wir objektifiziert, also als Objekt betrachtet, wird über unsere Persönlichkeit hinweggegangen, als wären wir nicht anwesend, als wären wir nicht gleichwertig, als würden wir nicht zählen. Das ist verletzend.

Aber du kannst es direkt für dein eigenes Empowerment nutzen: Wenn du das nächste Mal spürst, dass dich jemand von Kopf bis Fuß abgleicht oder sonst wie wertend begutachtet: Schau dieser Person direkt in die Augen, schau direkt in sie hinein. Schau von deiner Seele aus. Das erfordert etwas Mut, aber mit den Body-Love-Übungen wird es einfacher. Ein Blick von Seele zu Seele ist entwaffnend und gibt dir deine Kraft zurück.

DIE KRAFT DER EMOTIONEN NUTZEN

Wie intensiv dein Körper und deine Gefühlswelt zusammenhängen, das hast du sicher schon erfahren – spätestens beim Praktizieren der Body-Love-Übungen. In diesem Kapitel lernst du, deine Gefühlswelt für dich zu nutzen. Dabei werden wir erst mit den im Alltag aufkommenden Emotionen üben. Dann werden wir immer stärker werdende Emotionen »unter Laborbedingungen« herstellen, um in einem sicheren Rahmen deine Komfortzone für immer größere Gefühle auszuweiten und dich resilienter zu machen. Nicht zuletzt sorgen wir mit allen Body-Love-Übungen für mehr Vertrauen und Sicherheit, sodass dein Körper dir nach und nach auch Zugang zu vergrabenen Emotionen gibt, die dir bisher unterbewusst das Leben erschweren und dir täglich Energie rauben.

Was ist eigentlich so schlimm daran, sich nicht gut zu fühlen? Wenn es dir nicht gut geht, heißt das nicht, dass etwas mit dir nicht stimmt, es heißt, dass du normal und mit dir in Kontakt bist. Es heißt, dass etwas in dir deine Aufmerksamkeit sucht. Wenn du genau hinschaust, wirst du merken, dass unsere unangenehmen oder schmerzhaften Emotionen gar nicht das Problem sind. Das Leidvolle ist, dass wir keine Kompetenzen und Tools haben, ihnen zu begegnen. Wenn du einmal anfängst, dich deinen schlechten Gefühlen zu nähern, durch den anfänglichen Widerstand hindurch, wirst du merken, dass der Widerstand und die Angst vor dem Unbekanntem dabei die größere Hürde und Herausforderung sind. Die eigentlichen Emotionen, die in deinem Körper stattfinden, sind hingegen deine ureigenen Helfer und Navigatoren.

Unser Nervensystem ist sehr gut darin aufzupassen, dass wir nicht überwältigt werden. Weil wir bei Body Love keine Gewalt anwenden, sondern nur einen vertrauensvollen Raum herstellen, öffnet sich der Körper und bringt genau das an die Oberfläche, was wir im jetzigen Zeitpunkt gut verarbeiten können.

Wir werden mit Spüren, Bewegen und Berühren arbeiten, das alles ist nicht nur sinnlich und unheimlich wohltuend, es gibt deinem System auch genug Raum, um von allen Seiten aus zu heilen und über seine Grenzen hinauszuwachsen. Die befreiten Anteile deiner selbst werden weitere Anteile inspirieren und mitnehmen. Alles wirkt dabei zusammmen. Befreien wir unseren Geist, hat das einen direkten Einfluss auf unsere Emotionen, unseren Körper und unser Verhalten, was sich dann auch wieder auf den Geist auswirkt. Unsere Seele ist ohnehin frei, aber so befangen wie viele von uns sind, haben wir nur eingeschränkte Möglichkeit, sie zu spüren, und in unserem Körper keinen Raum, den sie erfüllen und beleben kann. Das werden wir jetzt ändern.

GEFÜHLE EINFACH FÜHLEN

In unserer Gesellschaft streben wir alle nach Glück und Wohlbefinden, wir wollen uns gut fühlen und negative Gefühle vermeiden. Wir wollen in der Lage sein, unseren emotionalen Zustand zu kontrollieren, indem wir negative Emotionen wegschieben und an guten krampfhaft festhalten. Die Wurzel der Kontrolle ist Angst. Wir fürchten uns regelrecht davor, unangenehmen Gefühlen zu begegnen. Und oft spüren wir genau diese Angst nicht mal, aus Angst vor der Angst. Wir dämpfen uns ab, mit Essen, Geschäftigkeit, Entertainment, ja sogar mit unseren Freunden. Wir benutzen die wunderbarsten Dinge, um uns und unseren Emotionen nicht zu begegnen.

Emotionen bewusst wahrzunehmen ist eine ganzheitliche Fähigkeit. Wenn wir unsere Spürkapazität herunterfahren, schrumpft diese im gesamten Gefühlsspektrum. Wer Schlechtes abdämpft, dämpft auch die Intensität des Guten ab. Hier ist man entweder ganz drinnen oder ganz draußen. Wenn wir grundlegende Emotionen wie Angst, Traurigkeit, Scham und Wut unterdrücken, werden wir emotional taub und können auch positive Emotionen wie Liebe oder Freude nicht mehr vollständig empfinden. Ohne emotionale Intensität und emotionale Verbindung verlieren unsere Beziehungen und unser Leben an Tiefe und Bedeutung. Alles wird flacher, langweiliger und vielleicht sogar deprimierend.

Sich gut zu fühlen ist heute geradezu eine gesellschaftliche Forderung. Wenn du dich nicht glücklich fühlst, ist es wie ein persönliches Versagen, etwas muss mit dir nicht stimmen. Aus diesem Grund ärgern wir uns normalerweise über uns selbst, wenn es uns nicht gut geht. Wir verurteilen uns, und das wiederum führt dazu, dass wir uns noch schlechter fühlen.

Gezwungenes positives Denken ist natürlich nicht der Ausweg aus der Situation. Es verschlimmert nur unsere Nichtakzeptanz und treibt uns tiefer in eine Abwärtsspirale. Wir verlieren unsere Vitalität und Lebensfreude, aber auch den Zugang zu unserer Intuition, dem inneren System, das uns sagt, was wir wirklich wollen und was wir nicht wollen. Der Versuch, unangenehme Gefühle zu vermeiden, schadet unserer psychischen Gesundheit. Also, was können wir tun?

Zu einem erfüllten Leben gehören Abenteuer und Herausforderungen, Erfolge und Niederlagen. Man kann nicht nur »oben« sein. Negative Gefühle gehören zur Natur des Menschen, sie spielen eine wesentliche Rolle für unser Überleben. Sie sind emotionale Reaktionen auf unsere Umstände und unsere innere Welt. Sie wirken als Katalysatoren, die uns zeigen, was uns nicht gefällt, und motivieren uns, etwas zu ändern. Sie sind wichtige Faktoren auf unserem Weg zu einem erfüllten Leben.

Wenn du zum Beispiel unzufrieden mit deinem Körper oder mit deinem Leben bist, wenn du verloren oder einsam bist, dann fühlt sich das nicht gut an. Ich kenne diese Gefühle, und ich will sie nicht schönreden. Es sind echte Schmerzen, da ist echte Verzweiflung. Doch werden diese Gefühle aus einem neuen Blickwinkel heraus angenommen und gefühlt, werden sie dich zu Intuitionen leiten, die dir eine Lösung oder neue Richtung für dein Leben aufzeigen. Wenn du die Emotionen nicht unterdrückst, sondern Raum schaffst und sie leben lernst, wirst du in einem sicheren Rahmen die in ihnen gebundene Energie befreien, und das gibt dir die Kraft, über dich selbst hinauszuwachsen und bisher Undenkbares zu schaffen.

Wenn wir die Erfahrung machen, dass wir mit all diesen verschiedenen Emotionen tatsächlich umgehen können, verlieren wir die Angst vor ihnen. Das gibt uns die Freiheit, die richtigen Entscheidungen für unser Leben zu treffen, selbst wenn das mit unangenehmen Emotionen verbunden ist. Wir werden stärker, mutiger und widerstandsfähiger.

Wie erlebst du Emotionen? Wo fühlst du Einsamkeit, Enttäuschung oder Stolz? Emotionen sind keine mentalen Zustände, wir erleben sie körperlich. Wir nehmen sie mit dem Sinn wahr, den wir Interozeption nennen. Alle Body-Love-Übungen trainieren die Interozeption, weil sie einer der wichtigen Sinne ist, um die Geist-Körper-Verbindung zu stärken und uns selbst von innen heraus kennenzulernen.

Wenn du mit deinem Körper vertrauter bist, wirst du feststellen, dass er auch alte Emotionen speichert und dass diese freigesetzt werden, wenn du verspannte Stellen geistig besuchst, massierst, bewegst oder lockerst. Alles, was du jemals erlebt hast, wurde auch von deinem Körper erlebt, und je stärker die Emotion war, die das Erlebnis begleitet hat, desto intensiver ist auch die gespeicherte Erinnerung. Sie kann dann als Gedankenblitz, Vision oder eben Emotion auftauchen. Im Kapitel »Wie dein Körper mit dir kommuniziert« hast du die Sprachen deines Körpers schon kennengelernt.

Die gute Nachricht ist, dass dein Körper dich nicht auf schädliche Weise mit Emotionen konfrontiert. Er offenbart nur das, was er für dich jetzt als sicher erachtet. Daher ist es ein gesunder und direkter Weg, über den Körper alte Emotionen zu verarbeiten, die zu einem bestimmten Zeitpunkt in deiner Vergangenheit zu viel für dich waren. Dein Körper hat seine eigene Weisheit und Heilkraft, die du gefahrlos mit den Body-Love-Übungen entdecken kannst.

Lass es geschehen

Wann immer wir versuchen, unsere Emotionen zu unterdrücken, weil wir Angst davor haben, sie zu fühlen, beginnen sie, unser Leben zu bestimmen. Wenn wir beispielsweise versuchen, Angstgefühle zu vermeiden, kann uns das davon abhalten, unsere Komfortzone zu verlassen, tolle Menschen kennenzulernen, wichtige Lebensentscheidungen zu treffen oder uns für tiefere Intimität zu öffnen. Gerade die Begegnung mit der Angst macht uns mutiger für die Zukunft. Je mehr wir mit der Angst in Kontakt sind, desto mutiger werden wir. Den Emotionen zu begegnen macht uns lebendiger, freier und verbundener, mit uns selbst und mit dem Leben.

Unser Ziel ist es nicht, unerwünschte Emotionen loszuwerden, sondern zu lernen, mit ihnen in Kontakt zu sein und ein aufregendes, erfülltes Leben mit all unseren Emotionen zu leben, nicht nur mit denen, die wir mögen. Die nächste Übung kann negative Emotionen transformieren, aber damit sie wirkt, musst du ergebnisoffen bleiben. Diese Übung ist an die Akzeptanz- und Commitment-

Therapie (ACT) angelehnt. Sie ist ein gesunder Weg, mit schmerzhaften Situationen und schwierigen Gefühlen umzugehen, seien es primäre Emotionen wie Wut oder Angst oder komplexe Emotionen, die wir gar nicht wirklich verstehen. Du solltest mit der Übung nicht warten, bis dich die nächste negative Emotion unter extremem Stress setzt. Wappne dich, indem du im sicheren Rahmen übst. Starte jetzt und nimm die erste Emotion, die sich zeigt.

Wir haben immer Emotionen oder Stimmungen im System, auch wenn wir sie meist nicht spüren, weil unser Geist so aktiv ist. Die Emotionen folgen dem Geist, aber es gibt meist auch welche, die unterschwellig präsent sind. Du kannst dir zum Beispiel Gedanken über deine Nachbarn machen, die dich leicht genervt stimmen, und zusätzlich unterbewusst eine Angst vor den Konsequenzen des Klimawandels haben oder eine Vorfreude, weil dein Körper die Frühlingsbrise spürt. Das bewusste Erleben von Emotionen zu üben und die eigenen physiologischen Reaktionen zu beobachten, wie beispielsweise eine erhöhte Herzfrequenz, steigert deine emotionale Intelligenz. Es hilft dir, in verschiedenen Situationen deines täglichen Lebens emotionale Freiheit zu bewahren.

Ich liebe es, diese Übung jederzeit und überall zu machen. Es funktioniert bei bewussten Gefühlen, kann dir aber auch helfen, Emotionen aufzudecken und aufzulösen, die sich in deinem Körper verstecken und sich vielleicht sogar in körperlichem Schmerz ausdrücken. Versuche, mit dieser Übung zu spielen, beim Meditieren, beim Fahrradfahren, Schlangestehen, beim Spaziergang in der Natur, beim Sex oder zum Einschlafen im Bett. Diese Übung eignet sich übrigens auch hervorragend, um positive Emotionen zu genießen und deine Kapazität für sie zu erweitern.

EMOTIONALE FREIHEIT

1. Setz oder leg dich bequem hin und atme tief durch.

2. Beobachte, was du in deinem Körper spüren kannst. Scanne ihn von Kopf bis Fuß. Kannst du eine Emotion oder Stimmung oder ein körperliches Gefühl ausmachen? Vielleicht etwas Unangenehmes?

3. Konzentriere dich auf das, was dich am meisten stört. Zum Beispiel könnte es ein Druck in deiner Brust sein oder eine Spannung im Bauch. Beobachte es neugierig, wie eine Wissenschaftlerin.

4. Untersuche, wo es beginnt und endet. Wo genau sind die Umrisse der Empfindung? Welche Form nimmt sie in deinem Körper an? Hat sie einen Puls oder eine Vibration? Ein Gewicht? Eine Farbe?

5. Atme jetzt in dieses Gefühl, indem du tief und langsam einatmest und dann vollständig ausatmest. Langsames Atmen hilft, die Anspannung in deinem Körper zu reduzieren. Es kann wie ein Anker im Sturm sein, der dich zentriert.

6. Öffne dich jetzt dem Gefühl und gib ihm Raum, sich in deinem Körper auszudehnen. Gib ihm immer mehr und mehr Platz.

7. Erlaube diesem Gefühl, da zu sein. Begrüße es, auch wenn es dir nicht leichtfällt. Denk daran, dass wir nicht versuchen, unsere Emotionen zu ändern. Das Ziel ist es, ihnen neugierig zu begegnen. Emotionen zu bekämpfen ist eine schmerzhafte Energieverschwendung. Es ist anstrengend. Nur Begegnung bringt dir Frieden.

8. Wie fühlt es sich jetzt an? Wie ist deine Beziehung zu der Emotion? Ist sie noch da? Wenn ja, wie?

9. Es ist wahrscheinlich, dass sich die Emotion auflöst oder transformiert. Aber das muss nicht sein. Auch wenn die Emotion noch da ist und stark ist, wird sie weniger Macht über dich haben, weil sie ans Licht gebracht wurde. Oder? Wie ist es für dich?

10. Wenn du noch Zeit und Lust hast, kannst du, sobald du mit dieser Emotion im Reinen bist, nach weiteren Empfindungen suchen, bis du zufrieden bist.

11. Genieße den neuen Daseinszustand. Du kannst ihn in deinem Körper verankern und mit jedem Mal wird sich dein Nervensystem daran gewöhnen, sich so gut zu fühlen und allen Emotionen wertfrei zu begegnen.

Tipp: Stell dir einen Wecker so, dass er vier Mal am Tag klingelt, und frag dich dann jedes Mal, welche Emotion gerade präsent ist. Gib ihr etwas Raum, sich in Ruhe auszubreiten und durch dich durchzufließen.

EMOTIONEN UND IHRE ENERGETISCHE LADUNG

Jede Emotion geht mit einer gewissen Menge an Energie einher. Je größer die Energie, also die Ladung, desto stärker wird die Emotion wahrgenommen. Am Beispiel von Wut sieht es so aus: Bei wenig Energie bist du mild genervt. Steigt sie an, wirst du richtig wütend, und wenn sie so intensiv wird, dass du sie nicht mehr aushalten kannst, würdest du am liebsten aus der Haut fahren. Du spürst die Energie und möchtest sie entladen. Du würdest gern schreien, um dich schlagen und vielleicht verlierst du sogar die Kontrolle und tust es auch.

Wenn wir eine Emotion unterdrücken, unterdrücken wir nicht nur ihre Information, sondern auch ihre Energie. Das verringert unsere Lebensenergie und kann zu körperlichen Symptomen wie Verspannungen oder gar Krankheiten führen. Doch blind einem Impuls zu folgen und die Ladung immer direkt zu entladen, womöglich auf einen anderen Menschen, ist natürlich auch nicht die Lösung. Deswegen ist es wichtig, eine emotionale Reife zu entwickeln und auch die Kapazität, immer intensivere Emotionen im Körper zu halten, zu erweitern. Je weniger Energie wir im Körper halten können, desto flacher wird unser Erleben und desto weniger Energie haben wir zum Leben.

Manchmal spüren wir die Energie nur in unserem Kopf, etwa wenn wir intellektuelle Meisterleistungen vollbringen oder wenn unsere Gedanken wie wild kreisen und wir total konfus werden, ebenso wenn wir ein Problem immer wieder herumwälzen, ohne weiterzukommen, oder uns ständig Sorgen machen und über Fehler in der Vergangenheit grübeln. Manchmal passiert es auch, wenn wir besonders kopflastige, gestresste oder verwirrte Menschen treffen. Wenn wir nicht bewusst sind, wenn wir nicht in unserem Körper zentriert bleiben, dann können uns solche Menschen geradezu den Boden unter den Füßen wegziehen. Wenn wir aber bei uns und in unserem Körper bleiben, haben wir die Kraft, diese Menschen zu erden und zu beruhigen. Das ist die Kraft der Co-Regulation.

Energie an sich ist neutral, so wie die Emotionen. Wie wir sie bewerten, macht ihre Ladung für uns angenehm oder unangenehm. Wut kann sich zum Beispiel schlimm anfühlen und beim unkontrollierten Entladen Schaden anrichten oder sie kann sich expansiv anfühlen, uns über uns selbst hinauswachsen lassen und uns die Kraft geben, harte Entscheidungen zu treffen. Wenn du entspannt und glücklich bist, fühlt sich Energie in deinem Körper wie Lebendigkeit oder gar Freude an. Wenn du dazu neigst, dir Sorgen zu machen, kann sie sich wie Angst anfühlen. Für ein erfülltes Leben müssen wir lernen, mit der Energie in unserem Körper effektiv umzugehen und sie für uns zu nutzen.

Ein Schub von viel Energie sorgt dafür, dass wir uns lebendig fühlen. Selbst ein Viel an Melancholie, Wut oder Trauer kann unser Leben schöner, weil intensiver machen. Wir spüren uns mehr und fühlen uns dann uns selbst näher. Wir wachen aus unseren Denk- und Fühl-Dauerschleifen auf und spüren direkt unsere Seele und unser Bewusstsein. Ab einer bestimmten Intensität sind es oft Momente, in denen Menschen eine spirituelle Erfahrung der Einheit mit allem machen.

Wenn wir als Kinder gezwungen wurden, brav zu sein und stillzusitzen, wenn wir für emotionalen Ausdruck bestraft wurden oder unter emotionalen Ausbrüchen unserer Eltern leiden mussten, haben wir oft ein gestörtes Verhältnis zu der Kraft, die durch uns fließt und in uns steckt. Wir haben gelernt, sie zu dämpfen und zu unterdrücken. Damit aber schrumpft unsere Toleranz für Energie in unserem Körper, was letztendlich unsere innere Kraft und Freiheit blockiert. Als Kinder waren wir voller Energie. Doch unsere Sozialisierung passierte oft mit Menschen, die emotional nicht besonders reif waren, und so hatten wir keine Chance zu lernen, mit dieser Energie umzugehen, sondern sahen uns gezwungen, sie zu unterdrücken. So blockiert wurde diese Ladung in unserem Körper in Form von Verspannungen gespeichert, während wir heranwuchsen.

Der gesunde Kreislauf der emotionalen Energie

Wenn sich eine Emotion in unserem Körper aufbaut, steigt die Energie, erreicht ihren Höhepunkt und fällt dann ab. Das ist ein ganz normaler und natürlicher Verlauf. Wenn wir ihn nicht blockieren, fließen die Emotionen sozusagen durch uns hindurch und verlassen uns dann wieder. Doch die meisten Menschen haben ein gestörtes Verhältnis zu Emotionen, sie versuchen, die guten Emotionen zu halten und schlechte direkt im Keim zu ersticken. Beides führt zu Blockaden, denn die Energie kann so nicht fließen. Sie wird angestaut und wartet darauf, sich entladen zu können. Weil wir aber die Ursprungsemotion schon nicht haben wollten, haben wir natürlich Angst, diese ganze angestaute Emotion herauszulassen. Was, wenn wir die Kontrolle verlieren?

Während die Lösung einer Blockade und die Entladung sehr befreiend sind und uns am Ende immer Erleichterung und ein Gefühl von innerem Frieden bringen, ist der Weg hin zum Loslassen so angsteinflößend, als müssten wir von einer Klippe springen. Aus diesem Grund tun wir oft alles, um die angestauten Emotionen unterm Teppich zu halten. Dafür regulieren wir unser Energielevel nach unten und dämpfen uns sozusagen selbst ab.

Je mehr Emotionen du anstaust, desto blockierter und rigider bist du. Sie haben zur Folge, dass du dich nicht mehr gut in deinem Körper fühlst. Oder dass du eventuell gar nicht mehr richtig darin wohnst. Die Rigidität schafft eine Mauer um dich herum, die färbt, wie du die Welt siehst und wie nah du dich selbst und andere an dich heranlässt. Je mehr sich ansammelt, desto schwerer wird es, alles wieder zum Fließen zu bringen und aus deinem Schutzpanzer herauszukommen. Die Angst davor wächst. Deswegen ist die Arbeit mit den Emotionen einer der Grundbausteine von Body Love.

Ein sicherer Weg, Emotionen zu lösen, und zu entladen, ist das freie Tanzen in der Sicherheit deiner eigenen vier Wände (siehe Kapitel »Tanz dich frei«). Wenn du das regelmäßig machst und gleichzeitig lernst, in deinem Körper zu wohnen und alle Emotionen direkt hindurchfließen zu lassen, wirst du dich nach und nach befreien. Um gar keine Emotionen mehr aufzustauen, ist es natürlich am besten, wenn du lernst, sie fließen zu lassen, sobald sie auftauchen. Das ist leichter gesagt als getan, aber es lässt sich mit den folgenden Übungen schrittweise trainieren.

EMOTIONEN IM KÖRPER
FLIESSEN LASSEN

Wir üben jetzt mit einer unangenehmen Emotion, die wir sozusagen »unter Laborbedingungen« herstellen. Danach kannst du es im Alltag bei jeder Art von Emotion anwenden.

1. Stell dir etwas vor, das in dir normalerweise eine unangenehme Emotion auslösen würde und das du am liebsten verhindern würdest, wie zum Beispiel eine große Kakerlake in deinem Zuhause oder jemanden, der dich mit einem Messer bedroht.

2. Beobachte, was in deinem Körper bei diesem Gedanken abläuft. Bei mir beißen sich die Zähne zusammen, meine Zunge spannt sich an, das zieht bis zum Rachen, meine Nasenlöcher weiten sich, doch meine Atmung wird eingeschränkt, denn meine Bauchmuskeln, der Beckenboden und der Nacken spannen sich an. Die kleinen Härchen auf meinem Nacken stellen sich auf. Je länger ich das so verfolge, desto weiter zieht sich die Anspannung durch meinen Rücken.

3. Spüre deine körperliche Reaktion und beschreibe sie für dich so genau wie ich hier.

4. Schau, was sich verändert, wenn du es zulässt. In der Regel baut sich alles auf, erlebt einen Höhepunkt und verschwindet dann wieder.

5. Vielleicht macht dein Körper ein Aufatmen oder bewegt sich in einer Weise, die ihm guttut. Strecken, Gelenke knacken, schütteln ...

6. Wie fühlst du dich jetzt? Ganz angenehm, oder?

7. Probier es in der freien Wildbahn: Beim nächsten unangenehmen Anruf oder einer E-Mail, bei einem Missverständnis auf der Arbeit oder zu Hause. Lass die Empfindungen da sein, spüre sie, erlebe sie und nimm wahr, wie sie wieder verschwinden.

8. Probiere es auf Social Media: Wenn du so durch deinen Feed scrollst, schau, wie schöne angenehme Posts eine Welle von positiven Emotionen in dir auslösen und wie Posts, die dich ärgern, eine Welle von Stress in dir auslösen.

Tipp: Um diese neue Herangehensweise zu verfestigen, mach diese Übung mit unterschiedlichen Bildern, die unangenehme Emotionen auslösen, für dreißig Tage täglich.

Entladung bringt Energie aus unserem System nach außen. Das kann durch Bewegung wie Laufen, Schlagen, Schütteln, aber auch Sprechen, Weinen, Malen oder Arbeiten passieren. Aufladung passiert durch Energie, die von außen in unser System kommt, beispielsweise über Essen, Einatmen, Ruhe, sexuelle Erregung, Sinneswahrnehmungen, Berührungen, Musik, Provokationen, die Schönheit der Natur, Energiearbeit, interessante Gespräche, Bücher, Filme. Dinge wie Sport, Gespräche, Partys oder Meditationen können uns entweder entladen oder aufladen, je nachdem, wie wir es tun.

Deine Komfortzone für emotionale Energie

Zu viel Ladung kann uns wütend oder ängstlich machen, zu wenig Ladung macht uns depressiv. Die Kapazität für und das Bedürfnis nach Spannung ist von Mensch zu Mensch unterschiedlich. Einige haben gern ziemlich viel Energie im Körper. Sie lieben Herausforderungen und Nervenkitzel, dann fühlen sie sich lebendig. Wenn ihre Ladung abfällt, fühlen sie sich schnell gelangweilt, genervt oder gar deprimiert. Andere leben lieber mit weniger Energie, sie mögen es gern ruhig, genießen ihre Zeit allein, versunken in ein Buch oder in tiefe Gespräche. Lauten Partys oder Abenteuern gehen sie lieber aus dem Weg.

Jeder von uns hat andere Vorlieben, aber auch ein unterschiedlich großes Toleranzlevel für hohe oder niedrige Energiepegel. Je größer dein Toleranzfenster für beide Zustände ist, desto freier bist du. Deine Komfortzone ist dann recht geräumig. Wenn du zum Beispiel vor hohen Spannungen zurückschreckst, wirst du auch Konflikten aus dem Weg gehen und für deine eigenen Bedürfnisse nicht gut einstehen können. Konflikte bringen ein erhöhtes Energielevel und um ihnen auf Augenhöhe zu begegnen, müssen wir mit dieser Menge an Energie umgehen können. Wenn du andererseits niedrige Energielevel nicht aushalten kannst, wirst du nicht wirklich entspannen können – mit den bekannten negativen Konsequenzen für deine Gesundheit. Je kleiner dein Toleranzfenster, desto unwohler fühlst du dich in den verschiedenen Situationen des Lebens. Um Unwohlsein zu vermeiden, wirst du versuchen, deine Umgebung und deine Mitmenschen zu kontrollieren, was dich nicht nur zu einer mehr oder weniger unangenehmen Person macht, sondern auch Energieverschwendung ist.

Unbewusst versuchen wir, immer in dem Fenster zu bleiben, an das wir gewöhnt sind. Sobald wir zu viel Energie haben, versuchen wir sie zu entladen, und sobald wir zu wenig haben, versuchen wir uns mehr zu holen. Wir tun das, um uns sicher zu fühlen.

Beobachte deine Nervensystem-Aktivierung

Übererregt: Das sympathische Nervensystem ist aktiv, Bereitschaft zu Kampf oder Flucht.
Du fühlst dich angespannt, deine Gedanken kreisen, du fühlst dich ängstlich, besorgt, bist genervt oder aggressiv, in Habachtstellung.
Um wieder runterzukommen: Mach dir klar, dass dein Nervensystem gerade übererregt ist und dass das nicht schlimm ist. Tiefes Atmen, Schütteln, Tanzen oder ein Spaziergang in der Natur helfen ebenso wie die Body-Love-Übungen mit dem Hinweis »relax«.

Optimal balanciert: Der jüngere Teil des parasympathischen Systems (dorsaler Vagus) ist aktiv, du bist entspannt und gesellig.
Du bist ruhig, präsent, verbunden mit anderen, neue Informationen werden mit Leichtigkeit verarbeitet, Entscheidungen werden problemlos gefällt, du fühlst dich sicher und einfach nur wohl in deiner Haut.

Untererregt: Der ältere Teil des parasympathischen Nervensystems (dorsaler Vagus) ist aktiv, du bist immobil, also im Freeze-Zustand.

Dich hat ein Gefühl der Schwere, der Taubheit erfasst. Du fühlst dich überfordert und unheimlich müde. Du stehst neben dir oder fühlst dich wie ausgeschaltet. Alles ist dir zu viel, oder alles ist dir egal.

Um wieder lebendig zu werden: Tanzen und Bewegung helfen ebenso wie die Body-Love-Übungen mit dem Hinweis »balance« und »vitalize«. Werde dir deiner Sinne bewusst.

Erweitere deine Komfortzone

Nur in einem als sicher erlebten Raum kann Heilung entstehen, deshalb arbeiten wir immer an der Grenze unserer Komfortzone. Sie zu erweitern ist sehr gesund und eröffnet dir viel mehr Möglichkeiten im Leben. Wir gehen dabei behutsam vor, denn die Komfortzone mit einem Satz zu überspringen kann zwar zu überraschenden Erfolgen führen, ist aber meist nicht nachhaltig, weil das Sicherheitsgefühl fehlt. Für wahre Heilung brauchen wir ein sicheres Fundament. Ein Sprung ins Unbekannte kann dazu führen, dass du noch größere Schutzmechanismen aufbaust und es dir dann immer schwerer fällt, über deinen Schatten zu springen. Du weißt, dass du es kannst, aber Anteile von dir, die sich übergangen fühlen, rebellieren umso stärker.

Das ist im Übrigen auch genau die Art, wie wir bei Body Love mit körperlicher Mobilisierung umgehen: Wir dehnen uns nicht ruckartig, und wir gehen nie weiter, wenn wir Schmerzen fühlen. Das führt nur zu Verletzungen und dazu, dass dein Körper dir nicht vertraut.

UM IMMER BEWEGLICHER UND GESCHMEIDIGER ZU WERDEN, ARBEITEN WIR STETS FEIN AM RAND DER KOMFORTZONE ENTLANG.

ERWEITERN DER EMOTIONALEN KOMFORTZONE

BALANCE

Wenn du das nächste Mal etwas Unangenehmes erfährst, probiere Folgendes:

1. Du hältst inne, spürst bewusst hinein und gehst an die Grenze des Aushaltbaren.

2. Nimm wahr, wie es dort so ist. Beobachte, wie das Gefühl des Unbehagens in deinem Körper zunimmt und wie sich das genau anfühlt. Spüre die Energie in deinem Körper. Wo fließt sie, und wo gibt es eine unangenehme Blockade?

3. Fühle was dein Körper tut, um die Energie zu blockieren und sie davon abzuhalten, ihn zu fluten. Nimmst du eine Anspannung in den Schultern, im Bauch, im Kiefer wahr? Wie ist dein Atem?

4. Meist hat die Spannung eine Richtung. Nimm die Bewegung genau wahr und übertreibe sie jetzt, spann noch mehr an. Versuche zu sehen, was dein Körper ausdrücken möchte. Versucht er wegzulaufen, zu kämpfen, sich zu verstecken?

5. Jetzt gehst du (wie in der Übung »Die Entdeckung der Langsamkeit«) in Zeitlupe und lässt die Anspannung graduell los. Lass es sich einfach entfalten und versuche die Richtung nicht zu steuern, nur die Geschwindigkeit. Begleite deinen Körper aufmerksam und liebevoll.

6. Manchmal wird so ein graduelles Loslassen von einem tiefen Aufatmen oder Gähnen begleitet. Vielleicht will sich dein Körper strecken oder schütteln, lass das einfach zu. Das ist genau das, was dein Körper braucht, um die angestaute Energie der Blockade loszulassen.

7. Sobald du das Ende dieses Prozesses wahrnimmst, nimm dir ein paar Minuten Zeit, um nachzuspüren. Was ist jetzt neu? Was ist anders? Wahrscheinlich spürst du Erleichterung und Weite. Vielleicht auch ein ganz neues Daseinsgefühl in deinem Körper und in der Umwelt. Vielleicht siehst du klarer oder hast eine wertvolle Einsicht erfahren.

8. Wenn du Lust hast, wiederhole die Übung, bis du dich »komplett« fühlst.

STRESS UND WUT FÜR PERSÖNLICHES WACHSTUM

Wenn wir es nicht gewohnt sind, eine große Menge Energie im Körper auszuhalten, unterdrücken wir nicht nur Wut und Angst, wir halten uns auch von ekstatischen Gefühlen wie Freude, Liebe oder großartigen Orgasmen ab. Was wir zurückhalten, halten wir auf allen Ebenen zurück. Wenn wir wütend werden, wollen wir die Energie, die das mit sich bringt, am liebsten sofort entladen. Doch was passiert, wenn wir nicht gleich anfangen, um uns zu schlagen, zu schreien oder es einfach runterzuschlucken? Was würde passieren, wenn wir die Energie für uns nutzen, um unsere Kraft zu vergrößern und damit dann effektiv zu handeln?

Wenn unsere Emotionen nicht willkommen sind, binden wir sie im Körper, genauer gesagt in den Faszien. Wenn wir das immer wieder und über einen längeren Zeitraum machen, verkleben und verhärten sie sich. Das kann zu Einschränkungen in der Körperhaltung und den Organfunktionen führen und beispielsweise die Atmung und die Verdauung verschlechtern. Wir fangen an, unseren emotionalen Schrecken zu verkörpern. Das kann auch Folgen für unser Nervensystem haben, es kann den Herzrhythmus stören und den Blutdruck erhöhen. Es kann auch zu zwanghaftem Verhalten führen, wie dem Nagelbeißen, übermäßigen Sorgen oder einem nicht zu stoppenden Gedankenkarussell.[17]

Wenn sich emotionale Verdrängungsmuster verfestigt haben, führt mehr Energie dazu, dass sie sich noch mehr verhärten. Zudem führt mehr Spannung auch zu einem erhöhten Widerstand gegen sie. Die Komfortzone wird immer kleiner. Wir werden aufgekratzter und dennoch stumpfer. Sobald die Energie im Gewebe gebunden ist, ist es für die meisten Menschen ziemlich schwer, sie wieder zu mobilisieren. Der Körper hat seine Mechanismen, uns vor diesen Emotionen zu beschützen, so wie er uns auch vor Giftstoffen schützen will, indem er sie im Fettgewebe einlagert. Wir dissoziieren uns von der Emotion und auch von der Situation, die diese Ladung hergestellt hat. Der Rest des Systems kann so zurück zur sicheren Komfortzone. Mit der Übung auf der vorherigen Seite beginnst du den Mechanismus zu überwinden, auch die nächste unterstützt den Prozess.

DIE EMOTIONALE KOMFORTZONE ERWEITERN

VITALIZE

Für diese Übung stellen wir wieder eine Emotion unter Laborbedingungen her, eine ziemlich geladene.

1. Erinnere dich an eine Situation, in der du so richtig unfair behandelt wurdest. Oder wo etwas gegen deine Werte ging. Wo jemand deine Grenze überschritten hat. Erinnere dich an die Situation und spüre, wie sich die Wut in deinem Körper aufbaut. Was genau spürst du? Steiger dich ruhig da hinein, bis es zum »aus der Haut fahren« ist.
2. Genieße die Energie. Beobachte, wie sie in deinem Körper aufsteigt. Das ist Lebensenergie, das ist deine dir zur Verfügung stehende Power.
3. Nimm deine Verbindung zur Erde wahr, den festen Stand. Spüre, wie lebendig du bist und wie kraftvoll. Das bist du. Das ist deine Kraft.

Wut gibt uns die Energie, für uns einzustehen und uns zu verteidigen. Wenn du die Kraft einfach abreagierst, steht sie dir nicht mehr zur Verfügung. Je öfter du sie einfach spüren und erleben kannst, wie sie sich wieder wandelt, erweiterst du deine Kapazität für die Lebensenergie.

Stresssucht und die Angst vor dem Loslassen

Unser Nervensystem möchte uns immer in Sicherheit halten. Das kann so aussehen, dass es ständig aktiviert ist, um sich für Flucht oder Kampf bereitzuhalten. Oder es hält uns einfach davon ab, zu viel Erfolg zu haben, damit wir nicht dem Druck und den potenziell gefährlichen Blicken anderer ausgesetzt werden. So kann es zu den Verhaltensweisen kommen, die wir im Allgemeinen als Selbstsabotage bezeichnen: Prokrastination, Ängstlichkeit, Selbstzweifel. Sie halten uns in Sicherheit.

Du erkennst diese Neigung daran, dass du etwas aus vollem Herzen willst, aber immer Ausreden findest, es doch nicht zu tun. Du sehnst dich zum Beispiel danach, dich selbstständig zu machen oder deine innere Welt in Form eines Romanes zu veröffentlichen, aber wie von Geisterhand wirst du davon abgehalten, die entscheiden Schritte dafür zu gehen. Du kannst natürlich kämpfen, aber dann besteht dein Leben aus einem ewigen Kampf. Je mehr du innerlich kämpfst und »gewinnst«, desto mehr befeuerst du deine inneren Saboteure. Dann kann es sein, dass du es tatsächlich schaffst, deinen großen Auftritt zu machen, danach fällst du aber in ein tiefes Loch der Sinnlosigkeit und fängst an, unkontrolliert zu essen oder zu trinken.

JE WEITER DU DICH PUSHST, DESTO HÄRTER WIRST DU DICH SABOTIEREN.

Bei erfolgreichen Frauen ist es in der Regel die körperliche Gesundheit, die den Schlussstrich unter den Kampf setzt. Mentale Probleme werden meist so lange übergangen, bis der Körper zusammenbricht. Viel zu oft sehen wir unsere Ängste und Widerstände als Feinde an. Wir externalisieren alle ungewollten Anteile zum inneren Schweinehund, den wir disziplinieren müssen, oder zum inneren Kritiker, den wir überwinden müssen. Viele Frauen folgen diesen Richtlinien und haben damit Erfolg – bis sie einen Burnout erleiden. Dann wird etwas erholt und repariert, und es geht im gleichen Tempo und mit dem gleichen Ansatz weiter. Bis ihre Gesundheit passé ist. Chronische Fatigue, Hormonstörungen, Autoimmunerkrankungen – und das, obwohl sie doch mit Bioprodukten, Yogakursen und Massagen so gut für sich sorgen.

Heute wissen wir, dass stressbedingte Krankheiten direkt mit Trauma im Zusammenhang stehen. In dem Fall ist Stress eine Trauma-Adaption des Nervensystems. Er hält uns in einem Zustand der erhöhten Anspannung, die dafür sorgt, dass wir uns aller unsicheren Faktoren in unserer Umgebung bewusst sind und so nie vollständig ausruhen können. Das Spannende ist, dass wir oft gar nicht merken, dass wir gestresst sind, weil es recht früh zu unserem Normalzustand geworden ist.

Viele erfolgreiche Frauen sind arbeitssüchtig oder anderweitig stresssüchtig. Aktivitäten lenken sie ab, sich selbst und ihre unangenehmen Gefühle zu fühlen. Der Adrenalinrausch gibt ihnen einen Kick, und sie fühlen sich stark und selbstbestimmt. Das ist ein viel besseres Gefühl als die innere Leere oder was auch immer sich bemerkbar macht, wenn sie den Körper mal zu Wort kommen lassen würden.

Hast du gemerkt, wie oft dich Geschäftigkeit davon abhält, dich mal in Ruhe hinzusetzen, nach innen zu lauschen oder dein Leben zu überdenken? Wie gehst du mit Problemen um? Nimmst du dir Zeit und Ruhe, oder verfällst du in Aktionismus? Verschiebst du die Verbindung mit dir selbst auf ein Später, das eventuell niemals kommt?

In meinen Workshops ist es für viele Frauen das erste Mal, dass sie endlich die Spannung in ihrem Becken loslassen. Dabei merken sie, wie viel Spannung sie die ganze Zeit in ihren Körpern gehalten haben. Die Anspannung zu bemerken und zu lernen, das Nervensystem zu beobachten und seine Zeichen zu lesen, ist ein großer Schritt auf dem Weg zu mehr Freiheit und Selbstermächtigung.

Das geht nicht von einem Tag auf den anderen. Es kann am Anfang frustrierend sein, wenn du merkst, dass du ständig angespannt bist und es keine Möglichkeit zu geben scheint herunterzukommen. Du willst dein Nervensystem kontrollieren, um auf Knopfdruck zu entspannen. Doch das ist manipulativ deinem weisen Körper gegenüber und steht dir im Weg, wenn du ihn auf Augenhöhe kennenlernen und von seiner Weisheit profitieren willst.

Ausweg aus Depression und Erschöpfung

Wenn wir Trauma oder anhaltendes Leid ohne Ausweg erleben, speichert unser System das als Bedrohung ab und ordnet ihm einen Überlebensmechanismus zu, wie Stress oder Ohnmacht. Wenn sich ein Aspekt einer anderen Situation dann unbewusst irgendwie ähnlich anfühlt, wird dieser Überlebensmechanismus getriggert, und wir sind schlagartig im Kampf oder in der Ermattung.

Depression und Erschöpfung gehören zum Freeze-Zustand. Wir haben gekämpft, wir haben versucht zu fliehen – doch es half nichts. Die letzte Möglichkeit ist das Erstarren: Freeze. Unser Körper dämpft alles ab, damit wir den Schmerz nicht spüren. Depression ist ein Zustand der Apathie, es beginnt mit einem Trigger: Etwas überfordert oder verletzt uns, und wenn wir keinen Ausweg finden, entwickelt es sich in eine chronische Traurigkeit und Apathie. Es betäubt uns und schneidet uns von jeglicher Lebensfreude und Aktivität ab, damit wir nicht noch mal verletzt werden können.

Während wir depressiv sind, ist unser Körper schwer und lethargisch, wir haben wenig Energie und alles fällt uns schwer. So sorgt unser System dafür, dass wir sicher bleiben. Alles scheint uns sinnlos, und nichts ist es wert, getan zu werden. Wir werden von unserer Lebensenergie abgeschnitten und haben keine Power, uns in unsichere Gefilde zu begeben und uns Herausforderungen zu stellen. Auf jede unvermeidbare Herausforderung reagieren wir mit Überforderung und möchten uns am liebsten direkt wieder ausruhen, etwas essen oder fernsehen. Einfach abschalten vom Stress. Oft verbringen wir ein Leben zwischen Überaktivierung (Stress, Ängstlichkeit, Sorgen, Zukunftsängste) und Ohnmacht. Wir sind entweder überaktiviert oder unteraktiviert. Das Ziel unserer Arbeit mit Body Love ist es, unsere Komfortzone zu erweitern und freier in unserer Handlungsfähigkeit zu werden. Es ist nicht das Trauma, was uns das Leben schwermacht, es sind die komplexen Schutzmechanismen, die wir entwickelt haben, um uns vor zukünftigen Schmerzen zu schützen.

Der Weg hinaus geht nur in einem sicheren Rahmen. Mit Body Love schaffen wir diese Sicherheit in uns selbst. Durch die sinnliche Wahrnehmung unserer Umwelt und unseres Körpers, durch die Präsenz im Jetzt, im Heute, wo wir nicht akut bedroht sind, schaffen wir in unserem Körper einen Anker, einen sicheren Boden für all unsere verängstigten, in irgendeinem früheren Terror gefangenen Anteile. So kommen wir jeden Tag immer mehr an, in uns selbst und im Leben. Wir werden uns nicht überfordern, nicht disziplinieren, wir werden die verängstigen Teile nicht an den Ohren aus ihren Verstecken ziehen, sondern in uns selbst einen sicheren Ort schaffen, an dem wir ihnen begegnen können und an dem sie uns nach und nach lernen zu vertrauen.

Es ist ein sanfter Weg – und es ist der einzige nachhaltige Weg. Er entspricht meiner Erfahrung in der Arbeit mit Tausenden von Frauen und wird von der neuesten Wissenschaft unterstützt. Es ist noch nicht überall bekannt. Aber wir sind hier, um mit gutem Beispiel und mit ganz viel Genuss voranzugehen. Wie in den folgenden Übungen.

WOHLGEFÜHL

Erweitere deine Fähigkeit, deinen Körper zu genießen, indem du nach Wohlgefühl in ihm suchst.

1. Egal, wo du dich gerade befindest, such eine Stelle in deinem Körper, die sich einfach nur gut anfühlt, und spüre dort ganz genau hinein. Genieße dieses Gefühl.
2. Wenn du Lust und Zeit hast: Genieße, wie sich dieses Wohlgefühl im ganzen Körper ausbreitet und welche Emotionen damit einhergehen.
3. Bleib offen und lass dich überraschen, welche Wohlgefühle sich zeigen und wie schön es ist, sie im ganzen Körper zu spüren. Das bist du. Das ist deine Power.

Kultiviere das angenehme Gefühl und diese Übung in deinem Alltag. Lass sie zu deiner Ressource werden. So erweiterst du deine Kapazität, dich immer und immer wohler zu fühlen.

ANSPANNEN UND LOSLASSEN

Diese Übung hat sich in der Trauma- und Schmerztherapie bewährt. Einmal gelernt, kannst du sie immer und überall anwenden, nicht nur, wenn du einen Schmerz oder eine Verspannung hast.

1. Leg dich bequem hin und entspanne.
2. Was in deinem Körper zieht deine Aufmerksamkeit auf sich? In der Regel fallen uns erst mal nur unangenehme Stellen auf. Ist es eine Verspannung, ein Druck oder ein Schmerz?
3. Nun verstärke ganz bewusst die Anspannung an der unangenehmen Stelle und beobachte dabei, was deine Atmung macht. Will dein Körper den Atem anhalten? Kein Problem, begleite ihn einfach und lass ihn machen.
4. Bau die Spannung für ein bis zwei Minuten auf, bevor du wie in Zeitlupe loslässt. Nimm dir Zeit, wirklich ganz langsam loszulassen und genau zu beobachten, was in deinem Körper geschieht. In der Regel wird sich eine Erleichterung einstellen, vielleicht ein Aufatmen, vielleicht möchte sich dein Körper strecken. Was auch immer es ist, folge dem Impuls.

5. Wie fühlt sich dein Körper jetzt an? Ist die Stelle immer noch so präsent? Hat sich etwas verändert? Gibt es eine andere Stelle, die jetzt Aufmerksamkeit braucht? Folge deinem Körper, bis du spürst, dass es für diesmal genug ist.

Diese Übung ist wunderbar zum Einschlafen. Oder wenn du nachts aufwachst und dich stressige Gedanken und Gefühle quälen. Mit ein wenig Erfahrung kannst du sie aber immer und überall anwenden, um Spannung loszulassen und dein Nervensystem zu regulieren.

PENDELN

Meist bemerken wir unsern Körper nur, wenn er sich mit Schmerzen meldet. Wenn ich in meinen Kursen am Anfang frage, was die Teilnehmerinnen in ihrem Körper spüren, erwähnen die meisten nur Beschwerden und Dysbalancen. Nie sagt jemand: »Mein Körper fühlt sich einfach wunderbar an.« Ganz anders verhält es sich nach der Stunde. Nach der ganzen bewussten Bewegung, Aktivierung und Entspannung ist es einfach, ein Wohlgefühl und positive Veränderungen wahrzunehmen. Doch wir können uns selbst trainieren, uns auch im Alltag einfach nur wohl in unserem Körper zu fühlen und ihn zu genießen.

1. Leg dich bequem hin und entspanne deinen Körper. Scanne ihn und schau, ob es irgendwo eine Stelle gibt, die sich nicht so gut anfühlt. Vielleicht eine Muskelverspannung, ein Ziehen oder ein Schmerz. Beobachte die genaue Lage und Form der Empfindung, ohne sie zu bewerten. Hat das Unwohlgefühl vielleicht auch eine Farbe oder eine Textur?
2. Wechsle dann den Blick: Wo in deinem Körper gibt es eine Stelle, die sich so richtig gut anfühlt? Vielleicht im Bauch oder im Becken? Spüre in diese Stelle hinein und finde heraus, was das Wohlgefühl so schön macht. Ist es weich, sanft, warm? Welche Form und Farbe hat es?
3. Genieße dieses Gefühl, solange du möchtest. Wenn das nicht geht, schau, was genau dich davon abhält, es bewusst zu genießen.
4. Richte deine Aufmerksamkeit nun wieder auf das ungute Gefühl und lausche da noch einmal ganz genau hinein. Hat sich etwas verändert?

5. Jetzt pendle wieder zum wohligen Körperteil und beobachte ihn. Hat sich hier etwas verändert?

6. Schwing jetzt alle paar Atemzüge, in deinem ganz eigenen Tempo, zwischen beiden Körperteilen hin und her. Schau, ohne etwas zu erwarten, ob der Prozess etwas verändert.

In der Regel wird sich eine Balance zwischen den beiden Körperstellen einstellen oder das Unwohlgefühl wird einem Wohlgefühl weichen. Aber wir wollen nichts erzwingen. Die Erforschung und Begegnung mit uns selbst ist das Ziel. Diese Übung ist wunderbar zum Einschlafen.

DIE ENTDECKUNG DER LANGSAMKEIT

 RELAX

Wenn wir die Geschwindigkeit aus unseren Handlungen herausnehmen, entsteht Raum für Sinnlichkeit. Was passiert, wenn wir uns langsamer und bewusster bewegen? Probier es aus.

1. Am Schreibtisch: Beweg deinen Brustkorb ganz sanft in Zeitlupe nach links und dann nach rechts. Welche Muskeln werden aktiviert? Wie streicht deine Kleidung über die Haut?

2. Nimm etwas ganz langsam in die Hand und spüre, wie du zugreifst und wie sich der Gegenstand anfühlt. Welches Gewicht hat er? Welche Temperatur? Welche Textur? Hattest du damit gerechnet, oder ist es anders?

3. Heb nun ganz langsam einen Fuß vom Boden. So wird dir bewusst, dass für das Anheben eine Gewichtsverlagerung auf andere Körperteile nötig ist. Genieße, wie sich deine Bauchwand und dein Beckenboden aktivieren. Wie fühlt es sich an, den Fuß wieder aufzusetzen?

4. Führ deine Hand an die Stirn und streiche eine imaginäre Strähne aus deinem Gesicht. Fühle deine Haut und die Haare. Dann lass deine Hand an Hals und Brust herabgleiten. Wie ist das?

Nimm dir immer wieder Zeit, das Leben in Zeitlupe zu genießen, es ist köstlich.

IST DAS LEBEN NICHT ZU SCHÖN, UM EINFACH NUR DURCHZUFEGEN?

BEWUSSTHEIT FÜR DIE KÖRPERRÜCKSEITE

Im Alltag sind wir meist nach vorn ausgerichtet. Wir schauen nach vorn, arbeiten nach vorn und vergessen dabei ganz oft unsere Körperrückseite. Das sorgt für einen Tunnelblick, der unser Nervensystem unbewusst stresst. Bewusstes Verkörpern unserer Rückseite gibt uns nicht nur ein ganz neues Ankommen im Körper, sondern aktiviert zugleich unsere Körpermitte, sodass wir eine Aufrichtung unserer Haltung erfahren. Wir spüren mehr Unterstützung und Sicherheit.

1. Im Sitzen: nimm wahr, wie du auf der Unterlage sitzt, und lenke deine Aufmerksamkeit auf deinen Rücken in Höhe der Schulterblätter. Geh dann zu deinem Nacken, zum Hals und zur Rückseite deines Schädels. Beobachte, wie sich das anfühlt, ein Bewusstsein vom Rücken zu entwickeln.

2. Wandere dann den ganzen Rücken entlang, zur Taille und bis zum Gesäß. Erkunde deinen Rücken, versuche, möglichst viel der Fläche auf einmal zu spüren. Wie fühlt sich das an?

3. Wenn es dir hilft, kannst du dich auch ein wenig bewegen, um ein besseres Embodiment zu bekommen. Unsere Faszien sind ja unser größtes Wahrnehmungsorgan und ihre Reizrezeptoren reagieren am besten auf die verschiedenen Arten von Bewegung.

4. Wenn du so in deine Rückseite spürst: Was verändert sich in deiner Haltung und in deinem Muskeltonus? In der Regel freut sich der Körper über diese neue Daseinsmöglichkeit und richtet sich auf. Vielleicht spürst du, wie sich vernachlässigte Muskelpartien im Rücken aktivieren, wie andere sich dehnen und wie sich deine Rumpfmuskeln aktivieren und einen schönen Tonus entwickeln.

5. Steh nun auf und fange an, dich mit dem neuen Bewusstsein zu bewegen. Erforsche, wie dein Körper sich so in der Bewegung verhält. Schau, wie du dich bei der Bewegung im Raum fühlst. Was hat sich verändert?

Probiere diese Übung bei der Hausarbeit oder beim Arbeiten am Schreibtisch.

DIE KRAFT DER LIEBE

Wenn du dir etwas vorstellst, passiert es für dein Nervensystem tatsächlich. Es reagiert auf vorgestellte Erlebnisse mit denselben körperlichen Reaktionen wie in der Realität. In einer Studie beispielsweise wurde Probanden ein Video eines schrecklichen Unfalls mit Schwerverletzten gezeigt. Die Nervensysteme der Teilnehmer regierten darauf mit großem Stress. Nachdem sie darüber informiert wurden, dass es sich hier lediglich um eine Filmszene mit Schauspielern handelte, beruhigten sich ihre Systeme fast augenblicklich.

Zu einem großen Teil unterscheidet unser Gehirn nicht zwischen Realität und Vorstellung. Es produziert Stresshormone wie Adrenalin und Cortisol, wenn wir uns eine stressige Situation nur vorstellen. So sorgen bereits Gedanken mit den dazugehörenden Emotionen für einen erhöhten Pegel an Stresshormonen, was unsere mentale und körperliche Gesundheit negativ beeinflussen kann. Wenn wir uns also über etwas Sorgen machen, das wir nicht beeinflussen können, schaden wir uns selbst.

Was aber ist das Gegenteil von Stress? Es ist nicht die Abwesenheit von Herausforderungen, sondern es ist eine liebevolle Einstellung. Studien belegen, dass unser Stresslevel sinkt, wenn wir eine liebevolle Einstellung in unserem Körper spüren. Steigt der Stress, sinkt aber auch unsere Liebesfähigkeit. Beide schließen sich aus.[18] Wenn du deinen Stresslevel herunterregulieren möchtest, hast du durch dieses Buch natürlich eine Menge Tools, aber es ist auch möglich, deinen Körper mit einer wohlwollenden Einstellung aus dem Stress zu heben.

EINE LIEBEVOLLE EINSTELLUNG IST AN SICH SCHON HEILSAM.

DEINEN HERZSCHLAG IM GANZEN KÖRPER SPÜREN

RELAX

Diese Übung trainiert deine Konzentrationsfähigkeit und dein Feingespür für deinen Körper. So übst du auch, die kleinsten Anzeichen von Emotionen und Spannungen wahrzunehmen. Die Übung ist wunderbar zum Einschlafen. Sie funktioniert im Stehen, Sitzen und Liegen. Stell dir einen Timer auf fünf Minuten oder gern mehr.

1. Für ein paar Atemzüge: Spüre deinen Körper auf deiner Unterlage, genieße, wie dein Atem dich bewegt.

2. Wo in deinem Körper kannst du deinen Herzschlag wahrnehmen? Nimm dir Zeit zu lauschen, bis du es genau spürst. Bleib an dieser Stelle für ein paar Augenblicke. Wie fühlt sich der Puls an? Ist er schneller oder langsamer, als du erwartet hast?

3. Wo sonst kannst du deinen Puls noch spüren? Probiere mal, ihn im ganzen Körper zu erspüren. Bemerkst du ihn auch an den Handgelenken, in den Ellbogen, im Becken? Im ganzen Körper? Bleib dabei, ihn im ganzen Körper zu verfolgen, bis sich der Timer meldet.

EINE LIEBEVOLLE EINSTELLUNG KULTIVIEREN

RELAX

Vielleicht kennst du die buddhistische Metta-Meditation, die unsere Liebesfähigkeit nachweislich stärkt. Hier kommt eine Abwandlung, die ich gern im Alltag mache.

1. Wann immer du daran denkst oder speziell, wenn du dich gestresst fühlst, leg eine Hand auf deine Brust und sag zu dir selbst: »Mögest du glücklich sein. Mögest du geliebt werden.« Einfach nur das. Beobachte, was sich in deinem Körper dadurch verändert.

2. Wenn andere in deiner Umgebung sind, sag genau das innerlich zu ihnen und spüre nach.

3. Beim nächsten Mal, wenn du durch die Stadt spazierst oder Besorgungen machst: Schau dir die Menschen an, die dir entgegenkommen, und sag innerlich zu jedem Einzelnen: »Mögest du glücklich sein, mögest du geliebt werden.« Oder: »Mögest du gesund und glücklich sein.« Versuche nicht, Aufmerksamkeit auf dich zu ziehen, sondern denke es einfach und geh weiter. Anderen Gutes zu wünschen sorgt dafür, dass du ihnen freundlich begegnest und sie sich wohler und sicherer fühlen, als wenn du ihnen teilnahmslos oder kritisch begegnest. Mach das bei allen Menschen, die dir begegnen, solange du Lust hast, und spüre, wie es sich in deinem Körper anfühlt.

4. Diese Übung funktioniert auch am Fenster oder in der Vorstellung. Wünsche allen Menschen Gutes. Du kannst dabei immer denselben Satz benutzen und auch ein und dieselbe Person öfter mit Liebe überschütten. Genieße, wie sich das auf dich auswirkt.

LIEBE IST GESUND –
UND SIE LÄSST
SICH LERNEN.

Unterdrückte Emotionen und Stress beeinflussen nicht nur die physische Gesundheit unseres Herzens[19], sondern auch unsere Fähigkeit, zu lieben und tief zu empfinden. Dich mit deinem Herzen zu verbinden stärkt deine Verbindung zu dir selbst, es ist der direkte Draht zu deiner Seele.

So wie Stress Stresshormone freisetzt, veranlasst eine liebevolle Einstellung die Ausschüttung von Hormonen, allen voran Oxytocin, das Liebeshormon. Seine Wirkung ist geradezu entgegengesetzt zu der von Stresshormonen. Oxytocin schützt das Herzkreislaufsystem, reguliert den Blutdruck, wirkt antioxidativ und entzündungshemmend. Es hilft bei der Verdauung und der Wundheilung, es unterstützt das Wachstum der Herzmuskelzellen und Stammzellen. Damit kann es sogar das Leben verlängern. Diese Effekte werden erreicht, egal ob die positiven Gefühle mit tatsächlichen angenehmen Situationen einhergehen oder ob sie durch Übungen wie unsere hier entstehen. Es ist sogar egal, ob du selbst liebevoll bist oder ob du siehst, wie jemand anders liebevoll behandelt wird oder ob du dich lediglich an so eine Situation erinnerst. Liebe ist ansteckend und lässt sich üben.

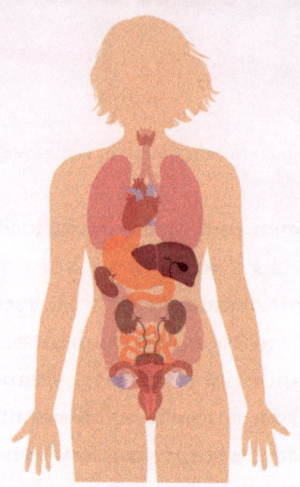

LIEBE FÜR DEINE ORGANE

Diese Übung wird dir gesundheitlich und emotional guttun.

1. Leg dich bequem hin und schließ die Augen.

2. Geh nach und nach durch deine Organe. Vielleicht hast du Lust, dir vorher die Position deiner Organe im Körper anzuschauen. Keine Sorge, du musst es nicht perfekt machen, wenn du das ein oder andere nicht kennst und auslässt, verliert die Übung nichts von ihrer heilsamen Wirkung.

3. Starte unten und geh langsam nach oben. Besuche im Geist jedes Organ einzeln. Beginne bei deiner Klitoris, dann Vagina, Gebärmutter, Eierstöcke, dann Blase und Nieren mit Nebennieren, dann Dickdarm, Dünndarm, Leber, Milz, Bauchspeicheldrüse, Gallenblase, Magen, dann Lungen, Herz, Schilddrüse, Gehirn, Augen, Ohren, Nase und Mund.

4. Lass dir Zeit und wünsch ihnen jeweils alles Gute. Probiere folgende Sätze und nutze, was dir gefällt: »Danke, lieber Darm, mögest du es gut haben, mögest du glücklich sein, mögest du gesund sein, mögest du geliebt werden.« Spüre die Wirkung, die sich in deinem Körper einstellt. Erwarte nichts und begegne jedem Organ offen und liebevoll.

Diese Übung ist wunderbar zum friedlichen Einschlafen.

HERZMEDITATION

Diese Meditation hilft dir, dich mit deinem Herzen zu verbinden.

1. Setz dich mit einem Timer bequem hin. Du kannst auch liegen. Starte erst mal mit fünf Minuten.
2. Atme ein und aus und spüre dabei dein Herz. Stell dir vor, dass es atmet.
3. Was spürt dein Herz? Wie fühlt es sich? Lass alles zu. Sei mit allen Emotionen, die aufkommen, mit den schönen und mit den unangenehmen. Versuche sie nicht zu werten. Lass dein Herz erzählen. In einer so vertrauensvollen Umgebung, wie du sie hier schaffst, kann dein Körper auch alte unverarbeitete Emotionen an die Oberfläche bringen, damit sie sich mal auslüften.
4. Emotionen kommen auf und gehen wieder, wenn du sie in Ruhe lässt. Alles, was dein Herz dir zeigt, ist heute dran. Vertrau ihm und interpretiere nichts.

Wenn dir die Emotionen zu viel werden, schau dir die Übung »Erweitern deiner emotionalen Komfortzone« an, um mit ihnen umgehen zu lernen. Mach diese Übung gern immer wieder über den Tag, so bleibst du immer mit dir im Kontakt. Es ist auch eine tolle Übung für eine Morgen- oder Abendroutine.

MAN SIEHT NUR MIT DEM HERZEN GUT

Diese Übung eröffnet dir eine neue Art, die Welt zu empfinden, feinere Nuancen wahrzunehmen und alles mehr zu genießen. Du kommst dir selbst und der Welt näher und erweiterst deine Fähigkeit, zu lieben und geliebt zu werden.

1. Spüre, wie in der Herzmeditation, in deinen Körper hinein, in die Herzregion. Atme in dein Herz und nimm wahr, was dort ist.
2. Wenn du eine Öffnung, einen Energiefluss wahrnimmst, genieße es und weite es aus. Wenn nicht, probiere die folgenden Dinge:
3. Spüre den Raum, in dem du bist, mit deinem Herzen. Bleib mit deiner Aufmerksamkeit bei deinem Herzen und erkunde den Raum, als hättest du Tastfühler in deinem Herzen.

4. Schau auf eine Pflanze, ein Lebewesen oder einen Gegenstand und spüre ihn mit dem Herzen. Was nimmst du wahr?

5. Höre Musik mit deinem Herzen, schau dir Filme und alle Kunst mit deinem Herzen an.

6. Das, was du fühlst, wenn du so mit dem Herzen schaust, ist die Essenz oder die Seele der Lebewesen, der Dinge, der Kunst. Schau dich im ganzen Raum um und spüre jeden Gegenstand. Erkunde auch den Raum, in dem du bist, das Haus, die Stadt, das Land.

7. Wenn du Lust hast, mach die Übung mit Freunden und vergleicht eure Empfindungen.

8. Probiere diese Übung bei einem Spaziergang und schau dir alles mit deinem Herzen an, auch die anderen Menschen. Was erlebst du?

Vorsicht: Vermeidungsgefahr

Wichtig ist immer, dass wir auf der Suche nach Liebe nicht in eine falsche Positivität entschwinden und tatsächlich auftretende negative Gefühle untern Teppich kehren. Wünsch dir und andern Gutes, aber wenn du merkst, dass du es nicht aus vollem Herzen machst, halte inne und schau dir an, welche Gefühle sich wirklich zeigen. Schau, wer in dir sich durch diese Übung getriggert sieht. Das ist nichts Schlimmes, sondern ein vitaler Teil deiner selbst, der gerade Nein sagt und Aufmerksamkeit fordert. Nutze das, um mit ihm Kontakt aufzunehmen und ihn kennenzulernen.

Wenn du diesen Teil übergehst, wendet sich jede noch so gut gemeinte Übung aggressiv gegen dich selbst. Die Teile von dir, die vielleicht traurig oder sauer auf eine andere Person sind oder die sonst einen guten Grund gegen diese Art der Übung haben, werden übergangen und verletzt.

Benutze diese liebevollen Meditationen und Übungen nur, wenn du dabei deinen eigenen Emotionen nicht aus dem Weg gehst. Gib sie dir selbst als Angebote und bleib immer offen dafür, was in deinem Inneren vor sich geht. Nur dann sind die Übungen auch effektiv. Liebe muss atmen können - und Liebe kann auch mit anderen Emotionen einhergehen. Du kannst lieben und traurig sein, lieben und hassen.

Hast du das Gefühl, dein Herz sei verschlossen? Das hat wahrscheinlich einen guten Grund. Das verschlossene Herz möchte dich beschützen, und vielleicht hat es eine

Menge Traurigkeit oder Wut in sich. Lerne dein Herz kennen, so wie es ist. Lass dich nicht von Kalendersprüchen oder Yogalehrern dazu zwingen, dein Herz zu öffnen oder zu vergeben. Hier ist es wichtig, an deiner Komfortzone entlangzugehen und auch ein verschlossenes Herz zu akzeptieren. Herzöffnung, Liebe, Vergebung und all diese schönen Sachen sind so schön, weil sie wie Wunder geschehen. Du kannst sie nicht erzwingen. Bleib bei dem, was sich heute zeigt. Nur so können Vertrauen und Liebe gedeihen.

LIEBE MUSS ATMEN KÖNNEN, UM SICH ZU ENTFALTEN.

BEWEGE DICH
BEWUSST

Mit Body Love arbeiten wir von innen nach außen und von außen nach innen. Je mehr wir unseren Körper befreien, desto freier werden auch unser Herz und unser Geist und umgekehrt. Alles beeinflusst einander. Jede einzelne Übung sorgt dafür, dass dein Nervensystem deinen Körper besser kennenlernt, dein inneres Körperbild aktualisiert wird und so deine Haltung und deine Bewegungen funktioneller sind. Die Blockaden, die dabei gelöst werden, sind körperlicher und emotionaler Natur. Du wirst also insgesamt freier, leistungsfähiger und lustvoller.

Körperhaltung und Selbstgefühl hängen eng zusammen. Eine aufrechte Haltung macht uns intelligenter und kreativer, wie Untersuchungen zeigen. Wir werden mutiger, zufriedener, eloquenter und überzeugender – und so werden wir auch von anderen eingeschätzt, die uns dann besser behandeln.[20] Wenn wir mit uns selbst zufrieden sind, halten wir uns wiederum aufrechter.[21] Ein wunderbarer Kreislauf, den wir nutzen können.

Das ist allerdings einfacher gesagt als getan. In unserem Körper gespeicherte alte Emotionen und Spannungen zwingen uns oft in eine nicht optimal ausgerichtete Haltung, die sich hartnäckig allen manipulativen Maßnahmen widersetzt. Es reicht daher nicht, ausschließlich am Körper zu arbeiten. Jede Fehlhaltung und Spannung enthält eine Botschaft für uns, und wenn wir zuhören, anstatt den Körper zu manipulieren, können wir innerlich heilen.

Unsere Körper-Geist-Verbindung ist so viel mächtiger, als wir glauben. Das zeigt sich gut an Studien zum Placeboeffekt. Wenn wir beispielsweise erwarten, dass es uns nach einer medizinischen Intervention besser gehen wird, kann das zu körperlichen Veränderungen und zur Heilung führen, selbst wenn wir nur ein Placebo bekommen. Der Körper stellt beispielsweise eigene Opioide her, wenn wir ein Placebo schlucken und glauben, ein Schmerzmittel zu bekommen.[22] Dass es wirklich um unsere ganz eigene Erwartungshaltung geht, belegen Studien, in denen blaue Placebos zweieinhalb Mal effektiver beim Entspannen halfen als pinke. Pflaster mit Comicfiguren reduzierten Schmerzen bei Kindern besser und beschleunigten die Wundheilung. Placebos mit bekannten Markennamen auf dem Karton wirkten besser als Placebos ohne solche Namen. Spannend ist auch, dass Ärzte, die eine klare Diagnose stellen und dann mit Sicherheit und Optimismus eine Therapie vorschlagen, fast doppelt so gute Resultate erzielen, wie Ärzte, die unsicher über die Diagnose und die Wirkung der Therapie scheinen.[23]

Was hier klar wird: Das, was die Heilung anstößt, ist nicht das Placebo, sondern das, was wir vom Placebo erwarten. Wenn wir wollen, können wir uns also bewusst selbst heilen. Mit Body Love baust du eine vertrauensvolle Beziehung zu deinem Körper auf und kannst so, wie diese Ärzte, deine eigene zuversichtliche Unterstützerin sein, die dich durch alle Höhen und Tiefen des Lebens begleitet. Wichtig ist, dass du dich selbst gut kennenlernst, dir selbst ehrlich begegnest und dir so eine sichere »Diagnose« über deine Lebenssituation geben kannst.

GEIST UND KÖRPER – EINE EINHEIT

Das Placebo-Prinzip machen sich Spitzensportler und auch wir im Body-Love-Programm zunutze. Denn Trainingsabläufe, die wir nur in unserem Geist ausführen, haben fast denselben Trainingseffekt wie das eigentliche physische Programm. In Gehirnscans können Forscher meist nicht unterscheiden, ob die Probanden die Bewegungen im Geist oder mit vollem Körpereinsatz machen. Dieses Phänomen kannst du trainieren: Je öfter du es nutzt, desto stärker wird deine Geist-Körper-Verbindung.

Spitzensportler stellen sich die Bewegungsabläufe vor dem Wettbewerb genauestens vor. In der Vorstellung haben sie nämlich die Möglichkeit, frei von körperlichen Beschränkungen und Blockaden zu trainieren. Wenn wir Tänzerinnen mit einer Bewegung Probleme haben, vielleicht aufgrund einer Fehlstellung oder einer Verletzung, trainieren wir erst mal eine Zeit im Geiste. Wenn wir die Bewegung dann wirklich machen, merken wir, dass alles viel geschmeidiger wird. Das solltest du auch probieren! Es wird dir ganz neue Möglichkeiten in deinem Training und im Alltag eröffnen, und du wirst deinen magischen Körper noch mehr schätzen.

Als professionelle Tänzerin habe ich die Imagination eingesetzt, um Stimmungen in mir selbst und den Zuschauern zu erzeugen. Was Schauspieler oder

Tänzer auf der Bühne denken und fühlen, wird für das Publikum erlebbar. Genau das macht gute Performances so stark und faszinierend.

Wichtig ist nur zu wissen, dass man das auch als Flucht vor sich selbst benutzen kann. Wenn du Stimmungen voller Freude und Liebe für dich herstellen kannst, versuche nicht, dauernd in diesen guten Stimmungen zu leben und auch negative Emotionen voll zu empfinden, wenn sie da sind. Nur so kannst du authentisch leben. Über längere Zeit angewendet, verändern sich aufgrund der Neuroplastizität tatsächlich die zuständigen Strukturen in deinem Gehirn.

UNSERE BIOLOGIE
FOLGT IMMER UNSERER
KLAREN ERWARTUNG.

MIT IMAGINATION DIE BEWEGUNGSQUALITÄT VERBESSERN

BALANCE

Hier kannst du die Technik der Imagination frei nach Eric Franklin mit einer sehr einfachen Bewegung testen. Dann kannst du sie für alle Aktivitäten in deinem Alltag anwenden. Sie eignet sich hervorragend, um Bewegungen, die dir schwerfallen, leicht zu machen, vom lästigen Treppensteigen bis hin zu schwierigen Tanzschritten. Teste sie unbedingt bei den Bewegungen im Kapitel »Der Tanz der Frauen«.

1. Im Stehen oder Sitzen: Hebe deine Arme über vorn nach oben zur Decke und lass sie wieder sinken.
2. Wiederhole es ein paarmal und spüre, was dabei in deinem Körper vor sich geht. Welche Knochen werden bewegt, welche Muskeln werden angespannt? Auf einer Skala von eins bis zehn: Wie leicht fällt dir die Bewegung? Wie viel Genuss empfindest du dabei?
3. Komm dann zur Ruhe und schließ deine Augen. Mach die Bewegung jetzt nur mit dem rechten Arm und ausschließlich im Geiste: Stell dir vor, wie sich dein rechter Arm hebt und wieder senkt. Spüre dabei ganz genau hin, so als würdest du die Bewegung in deinem Körper tatsächlich machen. Wiederhole das sieben Mal.
4. Nun öffne die Augen und hebe beide Arme nach oben. Merkst du einen Unterschied? Ist ein Arm leichter? Einige Menschen spüren es sofort, andere brauchen ein paar Wiederholungen, aber dann wird klar: Der rechte Arm bewegt sich viel müheloser und effektiver.

5. Jetzt gehen wir einen Schritt weiter und benutzen die Kraft von Bildern. Dazu gebe ich dir drei Beispiele, experimentiere mit allen dreien und erfinde gern auch deine eigenen. Die Bilder, die dir am besten gefallen, werden dir am meisten bringen.

6. Wir machen die Übung jetzt auf der linken Seite und bewegen (im Geiste) nur den linken Arm.

   • Stell dir vor, dass ein Windhauch kommt und deinen linken Arm nach oben weht. Dann lässt er nach, und dein Arm gleitet sanft wieder nach unten.

   • Stell dir vor, dein Arm wird von einem liebevollen Marionettenspieler nach oben gezogen und ganz sanft wieder herabgelassen.

   • Spüre, wie sich dein Arm mit erwartungsvoller Freude nach oben hebt, um nach etwas Schönem zu greifen.

7. Wie hat sich das jeweils angefühlt? Vergleiche beide Seiten.

MEISTERLEISTUNG

BALANCE

Menschen, die sich ein Training nur vorstellen, können laut einer Studie ein Muskelwachstum von 35 Prozent verzeichnen, während Menschen, die dasselbe Training tatsächlich ausführen, 53 Prozent Muskelwachstum erlangen.[24] Experimentiere damit und erfreue dich am Wunder deiner Geist-Körper-Verbindung.

1. Im Sitzen oder Liegen: Welchen Bewegungsablauf in deiner Lieblingssportart würdest du gern optimieren? Wähle etwas, wo du stärker, schneller oder geschickter werden möchtest, sei es beim Gewichtheben, Tanzen oder Fahrradfahren.

2. Stell dir einen Timer auf 5 Minuten (später gern mehr) und stell dir vor, wie du dich tatsächlich perfekt, kraftvoll und mühelos bewegst. Spüre es in deinem Körper.

3. Genieße es so oder nimm dir ein Bild zur Hilfe, um deine Technik oder Bewegungsqualität zu verbessern. Was würde dir helfen, alles noch eleganter und mit mehr Freude zu machen? Eine Sprungfeder, die dich nach oben zieht? Eine Mittelachse, die alles symmetrisch macht?

Tipp: Dieses mentale Training wird erfolgreich in der Rehabilitation angewendet. Du kannst es für dich auch nutzen, wenn du mal krank oder mit einer Verletzung im Bett liegst und dennoch trainieren möchtest.

Die Kunst, Sport zu genießen

Sicherlich weißt du, wie wichtig es für unsere körperliche, geistige und emotionale Gesundheit ist, sich mehrmals die Woche von Kopf bis Fuß zu bewegen. Und du kennst vielleicht auch die Studien, die belegen, dass unser Körper eigentlich Energie konservieren möchte und sich deswegen am liebsten möglichst sparsam bewegt. Zum Glück stehen dem gegenüber andere Studien, die belegen, dass wir Sport unter bestimmten Bedingungen lieben und geradezu süchtig danach werden können.[25] Menschen, die Sport und Bewegung genießen und nicht nur auf die Resultate schielen, sind sportlicher und gesünder. Auch hier geht es uns besser, wenn der Weg das Ziel ist.

JOURNALING: DU UND DER SPORT

Beantworte dir einmal in Ruhe die folgenden Fragen:

1. Warum machst du Sport?
2. Macht es dir Freude? Unter welchen Umständen?
3. Welche Sportarten liebt dein Körper?
4. Zwingst du dich zu Aktivitäten, die dir keinen Spaß machen?

Wenn wir uns zwingen, Sport zu machen, verlieren wir nicht nur unsere natürliche Lust auf Bewegung. Wir verlieren auch das Vertrauen unseres Körpers. Wir übertreten dabei die Grenzen von bestimmten Persönlichkeitsanteilen, die sich dann gegen unser Vorhaben sträuben werden. Sie werden sich gegen diesen Angriff auf ihre Souveränität wehren. Das ist der berühmte Selbstboykott, der sich in Lustlosigkeit, Essanfällen, aber auch in Depressionen und Angststörungen zeigen kann.

Du kannst deinem Körper vertrauen, dass du den Sport findest, der dir guttut und dich mit Glückshormonen flutet. Wenn du gar keine Lust auf Bewegung hast und dich immer dazu zwingst, hast du vielleicht deinen natürlichen Bewegungsdrang verloren. Probiere dann mal folgendes Experiment für eine Woche. Wenn es für dich keine wertvollen Einsichten bringt, kannst du ja wieder zurück zu deinem gewohnten Sport übergehen.

WAS WILLST DU WIRKLICH?

Frage deinen Körper täglich, welche Art der Bewegung er heute tun möchte. Diese Bewegung oder Sportart kannst du dann machen. Wenn alles in dir ruft: »Nichts!«, dann hör einen Song, der dir spontan einfällt, und spüre, ob etwas in dir sich dazu bewegen möchte. Schau, was sich ausdrücken möchte. Mach nur das, für sieben Tage. Vielleicht kommst du so deinem natürlichen Bewegungsbedürfnis näher.

Manchmal kann es dauern, bis sich die Bewegungsfreude einstellt. Oft helfen andere Motivatoren. Zum Beispiel Fragen wie »Warum möchte ich meinen Körper bewegen?« oder »Wie werde ich mich nach dem Workout fühlen?«

Probiere auch mal den folgenden Blickwinkelwechsel. Sage nicht »Ich muss Sport machen um fit/gesund zu sein«, sondern »Ich bin eine Frau, die sich jeden Tag für dreißig Minuten mit offenen Sinnen bewegt, um ihren Körper zu genießen«. Oder »Ich liebe es, mich jeden Tag für dreißig Minuten meinem Körper zu widmen«.

Für uns als soziale Tiere, die in Gruppen gejagt haben, ist auch die Teilnahme an einer Fitnessklasse, Tanz- oder Yogastunde ein guter Motivator. Such dir etwas, das dir wirklich Spaß macht und wo du von deinem Trainer oder deiner Trainerin mitgerissen wirst.

Du kannst jede Art des Sports mehr genießen, wenn du deine Sinne einschaltest: Spüre alles, was du tust, und wenn du Lust hast, benutze die Imagination, um deine Bewegungen oder deine Leistung zu verbessern. Auf den letzten Seiten hast du erfahren, wie das geht. Wenn du bewusst Sport machst, hast du direkt mehr Trainingseffekt.

Benutze gerne Musik, um dich emotional mitreißen zu lassen. Studien haben gezeigt, dass Musik die Freude am Workout und die sportliche Leistung verbessern kann.[26] Lenke dich aber nicht mit Podcasts oder TV ab. Dann kann dein Körper nicht seine beste Leistung liefern. Wenn du solche Medien nutzt, um »durchzuhalten«, ist das ein Signal, dass etwas in dir eigentlich keine Lust hat und du dieses Gefühl nur abdämpfen möchtest. Nutze deine sportliche Aktivität, um dich selbst zu spüren, um deinen Körper zu genießen und um Stress und Emotionen zu verarbeiten.

DIE HEILSAME KRAFT BEWUSSTER BEWEGUNGEN

Durch bewusste Bewegung kann es passieren, dass unverarbeitete Gefühle gelöst und an die Oberfläche gebracht werden. Wir lauschen in unseren Körper hinein, während wir ihn ganz gezielt bewegen. Das stärkt einerseits die Körper-Geist-Verbindung, sodass du empfindsamer wirst und seine Sprache besser wahrnehmen lernst. Aber es schafft auch eine vertrauensvolle, liebevolle Atmosphäre, in der sich dein Körper frei fühlt, Vergrabenes und Ungesagtes zu zeigen und loszulassen.

Bei all den Übungen hier im Buch, bei bewusst ausgeführtem Sport und bei achtsamen Alltagsbewegungen kann sich etwas zeigen. Das können Gefühle sein, Erinnerungen, spontane Tränen oder auch ein Lachen, das du gar nicht verstehst. Lass es einfach geschehen. Du musst es nicht verstehen, damit Heilung passieren kann. Das ist so wie mit einer guten Freundin, die sich manchmal auch nur wünscht, dass du bei ihr bist, ohne Fragen zu stellen.

Wenn Gefühle auftauchen, die dir gar nicht gefallen oder die sich durch unangenehme Symptome wie Übelkeit und Schwindel ausdrücken, kannst du gern erst mal innehalten. Geh nicht über diese Signale hinweg. Gib den Gefühlen und Empfindungen die Chance, sich auszuweiten, sie werden in der Regel einfach vorbeigehen. Wenn mal ein Gefühl oder eine schmerzhafte Erinnerung auftaucht, die länger gefühlt werden möchte, gib ihr den Raum, den sie braucht. Auch wenn du keine Lust hast, melancholisch oder wütend zu sein. Es zu unterdrücken verletzt dein Innerstes erneut, und dir entgeht eine Chance auf Heilung. Das Daseindürfen führt in der Regel zu einer emotionalen Lösung, einem Durchbruch oder einer tiefen Erkenntnis. Meist dauert es nur Minuten, manchmal Stunden, selten Tage.

Schwindel ist ein spezieller Fall, er kann anzeigen, dass du an ein Trauma herangekommen bist. Der Schwindel ist oft ein Zeichen von Dissoziation, also dem Freeze-Zustand. Nimm eine ruhige Position ein und komm mit deiner Aufmerksamkeit ins Hier und Jetzt. Probiere gern die Übung »Dich selbst umarmen«. In der Somatischen Traumatherapie gibt es die Technik der Titration, das bedeutet, dass man nicht mit der Tür ins Haus fällt, sondern ganz nah, am Rand des Traumas, aber noch in der Komfortzone des Körpers die mit dem Trauma verbundenen Spannungen aus dem Körper lässt. Dafür solltest du dich orten, wie beispielsweise in der Übung »Den Körper verorten«. Dein Körper wird wieder einen Schritt weiterkommen. Das schafft Vertrauen und inneres Wachstum. Wenn du Angst bekommst und dich lieber bei solchen Prozessen begleiten lassen möchtest, wende dich an eine Traumatherapeutin oder einen Therapeuten in deiner Nähe.

Durch das bewusste Spüren und das liebevolle Willkommenheißen von Gefühlen werden diese verarbeitet. Das löst Blockaden auf körperlicher, geistiger und emotionaler Ebene. Du erfährst immer öfter tiefe Einsichten, ein Gefühl von Erleichterung, Befreiung, aber auch Sicherheit und Handlungsfähigkeit. Körperlich lässt du Verspannungen, Schmerzen und Beschwerden hinter dir. Du arbeitest mit dem Körper respektvoll auf Augenhöhe, dein Geist ist als unterstützender Begleiter dabei und wird mit Erkenntnissen aus dem Unterbewusstsein belohnt.

TANZ

DICH

FREI

Die legendäre Ausdruckstänzerin Martha Graham hat gesagt, dass es niemanden interessiert, ob du gut tanzen kannst. Steh einfach auf und tanze. Großartige Tänzer sind großartig wegen ihrer Leidenschaft. Egal, was wir tun, schmerzhafte und unangenehme Emotionen werden immer Teil unserer menschlichen Lebenserfahrung sein. Ob dich nun innere Konflikte plagen oder ob dir schreckliche Dinge zugestoßen sind, mit dem Tanz hast du einen Weg, deinen Emotionen Raum zu geben, sie atmen zu lassen, sie ihren Prozess machen und dich von ihnen transformieren zu lassen.

Tanzend kannst du dich immer mit deiner Seele verbinden und deine eigene Stärke und Weisheit finden. Tanz ist in erster Linie Bewegung, frei oder choreografiert, es muss nicht schön aussehen. Uns geht es darum, deinen Körper zu ermutigen, sich auszudrücken und ihm den Raum zu geben, sich auszuleben.

Wie kann ich mich frei tanzen, wenn ich zwei linke Füße habe? Keine Sorge, das geht sehr gut. Wahrscheinlich hast du noch nicht viel getanzt und bist es einfach nicht gewohnt, dich tänzerisch auszudrücken. Wenn du Angst hast, bewertet zu werden, dich steif oder gehemmt fühlst, wirst du von den folgenden Übungen profitieren. Wir werden Schritt für Schritt alle Hemmungen lösen und dich befreien, denn jeder Mensch ist ein Tänzer. Menschen brauchen den Tanz und rhythmische Bewegung, um körperlich und emotional gesund zu sein. Je länger du nicht tanzt, desto mehr emotionale Blockaden können sich aufstauen. Also, los geht's!

MUSIK IM KÖRPER SPÜREN

Die wenigsten von uns nehmen sich heute noch die Zeit, Musik einfach nur bewusst zu hören, geschweige denn mit dem ganzen Körper. Dabei ist Musik so ein potentes Mittel, sich emotional zu befreien und präsent zu werden. Musik berührt uns tief, reißt mit, die Rhythmen, die Melodien, die Texte, aber auch die Schallwellen.

1. Leg Musik auf und mach es dir bequem. Spüre, was beim Hören der Töne in deinem Körper passiert. Was wird angeregt, was wird geweckt? Sind es Emotionen oder körperliche Empfindungen? Vielleicht auch Erinnerungen oder innere Bilder? (Siehe Kapitel »Wie dein Körper mit dir kommuniziert«).

2. Lass dich in Schwingung versetzen und mitreißen. Beobachte, wo deine Aufmerksamkeit hingeht und was dabei in deinem Körper geschieht.

MACH MUSIK AN UND
TANZE DRAUFLOS

VITALIZE

Freier Tanz, probier es aus! Wenn du dabei feststellst, dass du dich nicht wohlfühlst, geh zu den nächsten Übungen und komm dann wieder hierhin zurück, nachdem du dich etwas mit deinem tanzenden Körper vertraut gemacht hast. Die Lebensfreude und Freiheit, die du durch das Tanzen gewinnst, sind unbezahlbar. Lass dir das nicht entgehen!

1. Such dir Musik, die dich zum Tanzen bringt, und schließ die Tür, sodass du unbeobachtet bist – später kannst du auch mit anderen tanzen. Probiere jetzt was sich zeigt, wenn du ganz allein mit dir bist.

2. Fang an, dich zu bewegen. Tanze frei und verrückt oder zart und verletzlich. Nur für dich. Mit oder ohne Spiegel. Lass deinen Körper machen und genieße das Abenteuer. Lausche auf das, was sich bewegen und zeigen möchte. Es gibt keine Regeln. Es ist deine Zeit, dich in all deinen Facetten auszudrücken.

Die folgenden Improvisationsübungen werden dir neue Ausdrucksmöglichkeiten eröffnen. Sie sind nicht nur eine wunderbare Art, mit deinem Körper in Kontakt zu treten, sondern auch ein hervorragendes Mittel, um deinen Körper von Kopf bis Fuß geschmeidig und beweglich zu halten. Dabei wird er sich intuitiv das holen, was er braucht, auf physischer, aber auch auf emotionaler Ebene.

ALLE KÖRPERTEILE TANZEN
LASSEN: WAS TUT GUT?

VITALIZE

Such dir Musik aus und tanze durch deinen ganzen Körper. Nimm dir für jeden Teil so viel Zeit, wie du möchtest.

1. Spüre deine Musik und lass deine Füße tanzen. Wollen sie schreiten, trippeln, stampfen oder streichen? Dreh die Füße in alle Richtungen, am Boden oder in der Luft, kicke, schüttel und lass sie sprechen.

2. Tanze nun mit deinen Knien. Wie würden sie sich gern bewegen? Versuche, alle Richtungen zu erforschen. Wie können sich deine Knie im Raum bewegen? (Bild 1)

3. Jetzt kommen die Hüftgelenke. Kannst du sie in deinem Körper spüren? Bewege sie und lass dich von ihnen bewegen. (Bild 2)

4. Tanze dann mit deinem gesamten Becken. Probiere aus, was ihm guttun würde. Wie hoch kannst du es bringen und wie tief?

5. Jetzt erforschen wir die Wirbelsäule. Zwischen Becken und Kopf gibt es unendliche Bewegungsmöglichkeiten, worauf hat deine Wirbelsäule jetzt Lust? (Bild 3)

6. Geh jetzt zum Kopf und erkunde all seine Bewegungsmöglichkeiten.

7. Dann spüre in deine Schultern hinein und schau, wie sie sich heute bewegen möchten, die linke und die rechte, unabhängig voneinander und gemeinsam.

8. Wandere dann zu deinen Ellbogen und erforsche, was hier möglich ist.

9. Wende dich den Händen zu. Lass sie quer durch den Raum und um dich herumtanzen.

10. Spüre am Ende nach. Wie fühlst du dich?

NEUE SPIELRÄUME ERFORSCHEN

Diese Übung fordert deine Kreativität heraus und eröffnet deinem Körper und deinem Geist neue Spielräume. Das erweitert dein Bewegungsrepertoire und macht dich körperlich und geistig beweglicher, vielseitiger und freier. Du wirst alte Muster durchbrechen und präsenter und lebendiger werden.

1. Geh wie bei der vorherigen Übung durch alle Körperteile, versuche dich diesmal aber zu überraschen: Wie haben sich deine Füße, Knie, Wirbelsäule noch nie bewegt?
2. Wechsle schnelle und langsame Bewegungen ab.
3. Vergiss Symmetrie und bewege dich wild.
4. Erkennst du, dass du angestammte Bewegungsmuster wiederholst? Halt sofort an und beweg dich anders. Das kann geistig herausfordernd sein und macht wach und präsent.

DEN KÖRPER FRAGEN

1. Gehe tanzend durch die Körperteile und frage jedes einzelne: Was möchtest du? Wie willst du dich bewegen. Lass deinen Körper machen. Stoppe alle Ideen, die aus deinem Kopf kommen. Hier geht es ums Lauschen und Gewährenlassen.
2. Lass deinen Körper verrückte oder langweilige Sachen machen und vergiss die Symmetrie. Wenn dein Körper immer nur rechtsherum kreisen möchte, lass ihn. Versuch nicht auch die andere Seite, das kannst du in einer extra Übung machen.
3. Beobachte, ob sich durch das freie Tanzen auch andere Kommunikationsportale öffnen. (Siehe Kapitel »Wie dein Körper mit dir kommuniziert«).

Lass alles raus: Geheimnisse vor dir selbst zu haben blockiert dich. Finde möglichst viel über dich selbst heraus, um zu wissen, was da ist. Bevor wir nach und nach alles, was in uns steckt, herauslassen, befürchten wir oft die schlimmsten dunklen Seiten, Egoismus, Hass, Gewalt. Lass alles ans Licht kommen und du wirst sehen, dass du gar nicht so schlimm bist, wie du befürchtet hast. In den dunkelsten Seiten finden wir unsere schönsten Seiten, die wir lieben und die uns lieben. Was uns getrennt hatte, war unsere Angst vor ihnen.

ALTER EGO

1. Wer inspiriert dich? Schlüpfe in ihre oder seine Haut und drücke ihre/seine Essenz aus. Alles, was du an der anderen Person bewunderst, ist auch in dir vorhanden. Was wir in anderen lieben, was wir in ihnen erkennen, ist eine Facette in uns. Oft ist es eine Facette, die wir (noch) nicht leben. Wie tanzt dieser Mensch wohl in seiner Wohnung oder auf der Bühne?
2. Welches Tier inspiriert dich? Tanze die Essenz des Tieres und schau, was es dir zeigen möchte.
3. Wenn du Tarotkarten oder etwas Ähnliches hast, kannst du auch eine Karte ziehen und als das tanzen, was sie dir zeigt. Alles, was dich inspiriert und dir Spaß macht, ist erlaubt. Du selbst bist die Tänzerin deines Lebens.

AUTHENTIC MOVEMENT SOLO RELAX

Authentic Movement ist eine berührende und heilsame Bewegungspraxis in der Gruppe. Sie wurde von Mary Starks Whitehouse in den 1950er-Jahren begründet. Angelehnt daran ist folgende Übung, die du allein oder mit Freunden machen kannst.

1. Stell dir einen Timer auf fünf Minuten, später gern mehr. Mach dir etwas Platz, um dich zu bewegen, und nimm auf der Erde eine Position an, die dir heute gut gefällt. Starte im Liegen, Sitzen oder Stehen und lausche in deinen Körper hinein.
2. Mit der Einstellung, dass alles erlaubt ist, schau einfach, was passiert. Lass alle Emotionen und Bewegungen zu und sei einfach nur dabei. Staunend, beobachtend, den Raum haltend. Versuche nichts zu erzwingen, warte auf den Impuls aus deinem Inneren heraus.
3. Beweg dich nur, wenn ein Bewegungsimpuls in deinem Körper entsteht. Versuche nichts zu »tun«, aber lass alles zu.

Diese Übung kann am Anfang etwas merkwürdig sein, aber dein Körper hat unverarbeitete Erlebnisse gespeichert, die er für sich abschließen möchte. Er hat Geschichten, die er erzählen möchte. Erwarte nichts und lass alles zu.

Als ich Authentic Movement zum ersten Mal im Rahmen einer Ausbildung machte, wollte mein Körper einfach nur auf der Erde liegen. Egal, ob ich stand oder saß, mein Körper legte sich auf den Rücken in Totenstarre und bewegte sich nicht. Ich und andere Seminarteilnehmer waren darüber verwirrt, aber ich fühlte in meinem Körper, dass das so schon richtig war. Selbst wenn er nichts tat, spürte ich die tiefe Heilung, die geschah, wenn ich ihm den Raum gab, genau das zu tun, was er wollte. Mein Körper musste diese Starre ausleben und wollte dabei liebevoll von mir begleitet werden. Er vertraute sich mir an.

Ganz langsam hat sich dann etwas bewegt. Erst hat sich mein Gesicht schmerzhaft verzogen, dann haben sich meine Augen verzweifelt zugekniffen. Später hat sich dann mein Kiefer zusammengebissen, dann hat sich mein Kopf zur Seite gedreht. Und so lag ich da. Ich habe akzeptiert, dass es genau das war, was mein Körper erzählen und zeigen wollte und er wollte dabei nur gesehen, akzeptiert und gehalten werden. Welche traumatischen Erlebnisse sich da gezeigt haben, kann ich mir denken, aber das Wunderbare ist, dass es für die Heilung keine Rolle spielt. Mein Körper musste diese starre Haltung mit den Gesichtsausdrücken des Grauens viele Male machen, bis sich andere Bewegungen gezeigt haben. Jedes Mal ist es etwas anderes, aber es ist immer heilsam und befreiend. Meist spüre ich nach der Übung eine große Freiheit, Frieden oder Glück. Oft habe ich geniale Einsichten und Ideen. Dabei komme ich mir selbst und dem Leben immer näher.

Mehr Body Love im Leben

Hier sind einige Ideen, wie du mehr Tanz in dein Leben bringen kannst. Nimm jeden Tanzimpuls deines Körpers wahr und verschiebe es nicht auf später. Ich kenne keinen Menschen, der zu viel tanzt.

- Tanze einen Song als Warm-up vor jedem beliebigen Workout.
- Tanze jeden Morgen nach dem Aufwachen einen Song.
- Mach immer wieder eine Tanzpause zwischendurch im Alltag und tanze durch deine Wohnung.

- Wenn dir deine Intuition ein Lied in den Kopf setzt, such es heraus und tanze. Deine Intuition gibt dir immer das, was du gerade brauchst. Vertrau ihr, auch wenn es mal total lächerlich scheint.
- Wenn du unzufrieden bist oder dich negative Emotionen und Sorgen plagen, kannst du das wunderbar durch Tanz lockern oder ausleben und den Dingen so oft noch besser auf den Grund gehen. Beim Tanzen habe ich meine besten Ideen, und tanzend habe ich mich durch viele Krisen gerettet. Such dir spontan ein Lied, das deine Intuition dir eingibt, oder tanze ganz ohne Musik. Beweg dich durch deine Gefühle. Lass sie durch dich hindurchfließen und sich verändern, sei dabei ganz offen und erwarte nichts.

DER TANZ DER FRAUEN

Auf meinem Weg zurück in meinen Körper regte sich ein starker Ruf nach Bauchtanz in mir – und ich bin nicht die einzige Frau, der es so ergangen ist. Bauchtanz oder auch andere sinnliche Tänze wie Poledance oder Burlesque scheinen auf uns Frauen eine magische Anziehungskraft zu haben. Es ist geradezu so, als wüsste unser Körper etwas, das wir intellektuell nicht begreifen können. Von außen oft belächelt, sind es gerade diese sexy Tänze, die uns Zugang zu unserer archaischen Kraft, einer spirituellen Verbindung und Selbstliebe geben.

Ich war Feministin, und da passte das Klischee des Bauchtanzes wirklich nicht in mein Weltbild. Dennoch konnte ich mich der Faszination nicht entziehen. Ich habe mich mit vielen Frauen darüber ausgetauscht, und wir sind uns einig, dass diese weibliche Art zu tanzen etwas zutiefst Heilsames für uns hat. In diesen Kunstformen können sich Frauen mit ihrer ganzen Schönheit, Macht und Erotik erfahren und, wenn sie möchten, auch andern so zeigen. Weil das Dinge sind, die Frauen oft in Gefahr brachten und bringen, die verboten oder mit Scham belegt sind, ist es sehr roh, verletzlich und am Ende heilsam, diese Seiten von sich zeigen zu können.

Im Bauchtanz drücken wir intime Seiten unserer selbst ganz nach unseren eigenen Bedürfnissen aus. Unser authentisches Wesen, unsere Essenz, unsere Seele und unsere ganze Menschlichkeit wird sichtbar, sie wird bewundert und gefeiert. Wir sind nicht objektifiziert und instrumentalisiert, sondern selbstbestimmt und kraftvoll. Es sind Bewegungen, die zudem körperlich gesund sind und uns emotional sehr guttun.

In meine Methode Essence of Bellydance habe ich alles integriert, was mir geholfen hat, mich näher kennenzulernen, zu verkörpern und zu entfalten. Ich habe die Methode auf Basis des kraftvollen ägyptischen Bauchtanzes und moderner Tanz- und Körperarbeitstechniken zunächst entwickelt, um selbst eine stärkere Performerin und Frau zu werden. Seit 2006 teile ich sie in meinem Tanzunterricht und habe sofort Begeisterung erfahren. Diese Bewegungen entfesseln unsere weibliche Kraft. Sie mobilisieren Körper, Geist und Seele und bringen alles in uns zum Fließen. Sie befreien die Wirbelsäule, die Hüfte, verbessern unsere Haltung, massieren unsere Organe, helfen beim Loslassen von Spannungen, regulieren unser Nervensystem, unsere Hormone und bringen emotionale Heilung.

Die »Essence of Bellydance«-Methode umfasst ein riesiges Tanzvokabular. Ich habe dir hier für dieses Buch ein paar Bewegungen herausgepickt, die deinen Brust- und Beckenraum so mobilisieren, dass deine Emotionen frei fließen können. Es sind alles Basisbewegungen, aber weil die meisten von uns so steif sind, sind sie nicht unbedingt einfach. Es kann sein, dass sie sich am Anfang etwas hölzern und merkwürdig anfühlen, aber es lohnt sich dranzubleiben. Was heute noch steif ist, wird in wenigen Wochen weich, geschmeidig und sinnlich. Du lernst eine ganz neue Art, dich zu bewegen und zu erfahren. Du aktivierst Muskeln, zu denen du bisher noch keinen Zugang hattest, und erweiterst dein Selbstbild.

TANZ IST EINE SINNLICHE ERFAHRUNG.

Wähle Musik, die du liebst, und betrachte die Bewegungen von Anfang an als Tanz. Übe am besten erst ein paar Minuten Präzision und lass dich dann von der Musik mitreißen, so wird deine Technik immer besser, während du gleichzeitig schon ins Tanzen kommst.

Am Anfang kann dir ein Spiegel helfen einzuschätzen, was du da genau machst. Aber schließ immer wieder die Augen, um dich von innen zu spüren.

An einigen Stellen werde ich dich bitten, deinen Körper mit deinen Händen oder Fingern zu berühren und zu begleiten. Du leitest dich dann mit deinen Händen selbst, wie deine eigene Tanzlehrerin. Benutze deine Hände, um deinem Körper zu zeigen, wo er sich noch öffnen oder mobilisieren kann. Zeig deinem Körper so, welche Muskeln du aktivieren möchtest.

Unsere Hände haben eine größere Repräsentation im Gehirn als unser Torso und unsere Hüfte. Wenn wir uns also beim Bewegen mit unseren Fingern leiten, helfen wir dem Gehirn, ein besseres aktuelles Bild von unserem Körper herzustellen und sich besser zu bewegen. Gleichzeitig wecken wir Nervenenden in den berührten Stellen des Körpers auf, und diese werden dem Gehirn wiederum mehr Informationen geben. Das Gehirn kann diese Körperteile dann noch besser ansteuern. Dein Körpergefühl und deine Fähigkeit, dich genau so zu bewegen, wie du willst, werden also immer besser. Dann wird nicht nur alles geschmeidiger, sondern auch sinnlicher, und es macht viel mehr Spaß.

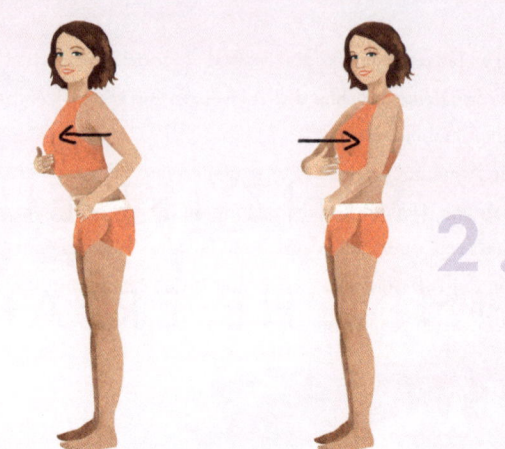

BRUSTMOBILISATION
TEIL EINS: SCHIEBEN

1. Im hüftbreiten Stand mit lockeren Knien: Leg deine Hände seitlich an deinen Oberkörper auf Höhe der Brüste, sodass du das Gefühl hast, du hast deinen Brustkorb fest zwischen den Händen. Während dein Becken bleibt, wo es ist, verschiebst du nun nur deinen Brustkorb horizontal nach vorn. Stell dir vor, dass deine Brüste wie Scheinwerfer nach vorn zeigen, und leuchte die ganze Zeit nur geradeaus, nicht auf und ab. Die Brüste bewegen sich parallel zum Boden, nicht nach oben oder unten. Es ist, als wäre dein Körper ein Schrank, und du öffnest nur eine Schublade auf Brusthöhe nach vornraus. (Bild 1)

2. Schieb sie dann wieder zurück und auf der Rückseite heraus. (Bild 2) Mit den Händen kannst du spüren, ob du parallel zur Erde bleibst. Das kann am Anfang eine Herausforderung sein, aber es lohnt sich dranzubleiben.

3. Um die Bewegung noch feiner zu artikulieren, platziere jetzt ein paar Finger zwischen deine Brüste auf dein Brustbein und schiebe deinen Brustkorb so nach hinten. Drücke dann mit dem Brustbein gegen die Finger und komm so wieder nach vorn.

4. Atme ganz entspannt – oder so entspannt, wie es geht. Die Atmung ist nicht synchron mit der Bewegung, wir wollen möglichst viel Bewegungsvielfalt und Freiheit. Wenn du tief atmest, ist diese Übung ein wohliges Stretching für dein Zwerchfell und alle Muskeln deines Torsos. Spüre, wie sich beim Einatmen alles weiten kann.

5. Achte darauf, dass sich dein Becken nicht bewegt. Es bleibt möglichst entspannt dort, wo es war. Halte es nicht fest. Entspann deinen Po und deinen Beckenboden. Mit der Zeit wirst du merken, dass sich dein Beckenboden von allein ganz fein und organisch akti-

viert, weil er Teil der Rumpfkapsel ist. Also: Nur der Brustkorb schiebt vor und zurück. Spüre, wie sich deine Bauchmuskeln aktivieren und wie sich Wirbelsäule und Brustkorb immer weiter mobilisieren.

6. Lass deine Arme über deinen Körper gleiten und fühle, wie er sich bewegt. Genieße diese Erfahrung. Du kannst deine Hände auf deiner Hüfte platzieren, sie zu den Seiten hängen lassen oder deine Arme mit lockeren Ellbogen zur Seite ausstrecken und bequem in der Luft ablegen. Vielleicht hast du Lust, die Brustbewegung mit Arm- und Handbewegungen zu untermalen. Spiel mit den Ausdrucksmöglichkeiten, die dein Körper dir anbietet.

Du kannst diese Übung wunderbar sitzend auf einem Stuhl oder im Schneidersitz üben, dann ist dein Becken ruhig und du kannst mit deinen Rumpfmuskeln schön dagegenarbeiten. Das ist auch perfekt, um am Schreibtisch aufzutanken und sich direkt sinnlicher zu fühlen. Probier es auch mal beim Telefonieren.

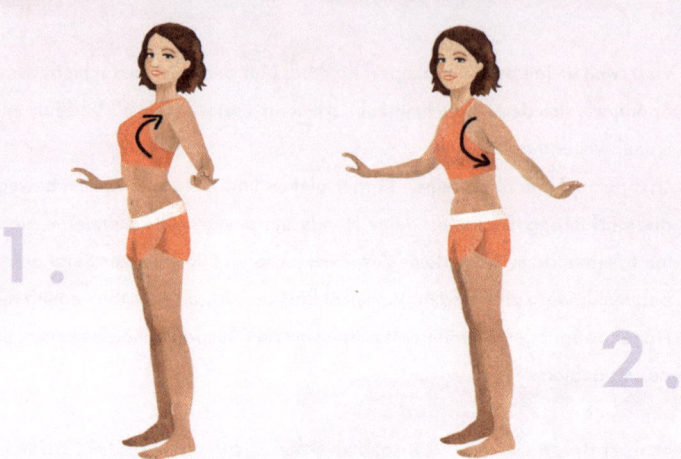

1.

2.

BRUSTMOBILISATION
TEIL ZWEI: KIPPEN

1. Umfasse deinen Brustkorb wieder seitlich mit den Händen. Stell dir diesmal vor, dass zwischen deinen Händen quer durch deine Brust eine horizontale Achse verläuft. Dreh deine Brüste und deinen Brustkorb jetzt um diese Achse, wie um einen Spieß über dem Feuer. Dreh hin und her, sodass deine Brustwarzen mal nach oben (Bild 1), mal nach unten zeigen (Bild 2). Du kannst dir wieder vorstellen, in deinen Brüsten Scheinwerfer zu haben, die nun auf und ab leuchten.

2. Deine Atmung ist ganz ruhig und unabhängig von der Bewegung. Dein Zwerchfell wird in seiner ganzen Länge gedehnt und gestärkt.

3. Mach die Bewegung immer größer und weicher. Versuche sie so leicht und mühelos wie möglich zu machen.

4. Entspanne deine Schultern und spüre, wie sich deine Bauchmuskeln mal dehnen, mal zusammenziehen, um diese Bewegung zu ermöglichen.

5. Stell dir vor, wie sich dein Brustkorb durch diese Bewegung immer weiter von deinem Becken entfernt und deine Taille so schmaler wird. Das macht deine Taille tatsächlich schlanker und sorgt für eine gute Haltung.

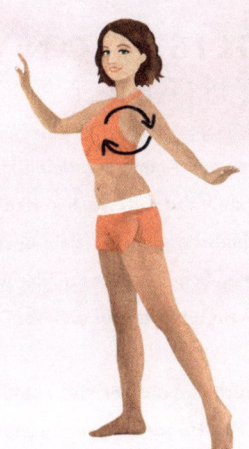

BRUSTMOBILISATION
TEIL DREI: WELLE

1. Nun kombinieren wir beide Bewegungen zu einer wunderschönen, sinnlichen Oberkörperwelle.

2. Schieb aus der Grundhaltung deine Brüste nach vorn, kipp sie von hier nach oben, schieb zurück, kipp dann runter und schieb dann wieder nach vorn. Es sind vier Punkte, die du nacheinander durchläufst.

3. Auch wenn es sich am Anfang steif anfühlt, bleib dabei, durch diese vier Positionen hindurchzufließen, eine nach der anderen. Schritt für Schritt verbinden sie sich zu einer sinnlichen Bewegung, die deinen gesamten Oberkörper massiert. Wenn du alles zu schnell vermengst, wird die Bewegung nicht so groß und artikuliert. Sie verliert ihren Ausdruck und ihre Wirkung. Lass dir also Zeit.

4. Wenn die Welle schon gut klappt, lass sie durch den Rest deines Körpers fließen bis ins Becken und in die Beine zur Erde.

Variante eins für mehr Abwechslung und Flow: Verlagere das Gewicht beim Üben auf ein Bein, dann auf das andere.

Variante zwei: Dreh deinen Oberkörper zu einer Seite und dann zur anderen. Mit der Gewichtsverlagerung kombiniert, entstehen unendliche Möglichkeiten. Folge deiner Intuition und der Musik.

BECKENMOBILISATION
TEIL EINS: SCHIEBEN

1. Im hüftbreiten Stand mit lockeren Knien: Leg deine Hände seitlich an deine Hüften, sodass du das Gefühl hast, du hältst sie zwischen den Händen. Während dein Brustkorb bleibt, wo er ist, verschiebst du nun nur dein Becken horizontal nach vorn. Stell dir vor, dass dein Becken einen Scheinwerfer hat, der nach vorn zeigt, und leuchte die ganze Zeit nur geradeaus, kein bisschen auf und ab. Dein Becken bewegt sich parallel zum Boden.

2. Schiebe es dann wieder zurück und auf der Rückseite heraus, der Scheinwerfer bleibt nach vorn ausgerichtet. Mit den Händen kannst du spüren, ob du wirklich parallel zur Erde bleibst.

3. Entspanne deinen Beckenboden und gleite sanft hin und her. Spüre, welche Bauch- und Rückenmuskeln hier aktiv werden und wie sich deine Wirbelsäule immer mehr mobilisiert.

4. Dein Brustkorb bewegt sich nicht. Er schwebt wie eine Wolke ruhig und locker im Luftraum über deinen Füßen. Halte ihn nicht fest und atme ganz entspannt.

5. Leg nun eine Hand auf deine Bauchmuskeln unter deiner Brust und die andere Hand auf deine Bauchmuskeln unter dem Bauchnabel. Mach die Bewegung weiter und spüre, wie sich die unterschiedlichen Teile der geraden und der schrägen Bauchmuskeln aktivieren.

BECKENMOBILISATION
TEIL ZWEI: KIPPEN

1. Umfasse dein Becken wieder seitlich mit den Händen und beuge leicht die Knie. Stell dir vor, dass zwischen deinen Händen quer durch dein Becken eine horizontale Achse verläuft. Dreh dein Becken jetzt um diese Achse, wie um einen Spieß über dem Feuer. Du kannst dir wieder vorstellen, dass dein Becken einen Scheinwerfer hat, der nun auf und ab leuchtet.

2. Leg eine Hand vorn auf dein Becken, deine Finger liegen auf der Vulva und zeigen nach unten. Leg die andere Hand auf dein Kreuzbein, die Finger zeigen auch nach unten. Kippe so weiter auf und ab und schau, ob du die Bewegung jetzt noch etwas verfeinern kannst.

3. Kannst du spüren, dass sich die Knochen unter deinen Fingern etwas zueinanderbewegen, wenn du deine Vulva nach vorn kippst? Sie bewegen sich auseinander, wenn du sie nach hinten kippst.
4. Mach die Bewegung immer größer und weicher. Versuche, sie so leicht und mühelos wie möglich zu machen.
5. Leg nun deine Hände auf deine Sitzbeinhöcker und spüre, wie sie sich vor- und zurückbewegen.
6. Kannst du wahrnehmen, dass sie sich auch einander annähern, wenn sie nach vorn kommen, und voneinander wegbewegen, wenn sie nach hinten gehen?
7. Dein Beckenboden ist unter anderem zwischen diesen Knochen, die du jetzt gespürt hast, aufgespannt. Wenn sie sich auseinanderbewegen, dehnen sie den Beckenboden, er muss dagegenhalten und aktiviert sich exzentrisch. Wenn sich die Knochen aufeinander zubewegen, wird der Beckenboden kompakter und konzentrisch aktiviert.
8. Genieße dieses sinnliche und funktionale Beckenbodentraining, indem du dich in deinen Beckenboden hineinfühlst.
9. Um deinen Beckenboden noch bewusster zu trainieren, stell dir vor, dass er sich beim Nachvornkommen noch etwas mehr zusammenzieht, wie ein elastisches Gewebe oder eine Rosenknospe, die sich etwas schließt. Und spüre, wie sich das Gewebe weitet oder wie sich die Rosenknospe öffnet und aufblüht, wenn du zurückpendelst.

Tipp: Probiere diese Übung etwas schneller, sodass sich nach und nach ein lockeres Schütteln einstellt. Sobald du das Becken locker schütteln kannst, ist das wunderbar, um Anspannungen im Becken und im unteren Rücken loszulassen, das Becken zu durchbluten und die Lymphe in Schwung zu bringen. Ein effektives Beckenbodentraining ist es obendrein.

BECKENMOBILISATION
TEIL DREI: BECKENWELLE

VITALIZE

1. Nun kombinieren wir das Kippen und das Schieben zu einer genüsslichen Beckenwelle, die auch ein hervorragendes Beckenbodentraining ist.

2. Schiebe aus der Grundhaltung mit gebeugten Beinen dein Becken nach vorn, bleib hier und kippe es von hier nach oben (Sitzbeinhöcker kommen zusammen). Bleib so gekippt, während du es zurückschiebst, halte an und kippe dann wieder (Sitzbeinhöcker gehen auseinander). Schiebe dann wieder nach vorn. Es sind vier Stationen, die du nacheinander durchläufst.

3. Gleite nun in einer fließenden Bewegung durch diese vier Positionen, eine nach der anderen. Schritt für Schritt verbinden sie sich zu einer sinnlichen Bewegung, die dein Becken und alle Organe massiert. Lass dir Zeit.

4. Dein Brustkorb bewegt sich nicht mit, er schwebt frei über deinen Füßen in der Luft, während deine Hüfte diese sanften Wellenbewegungen zaubert.

5. Wenn die Welle schon gut klappt, lass sie durch den Rest deines Körpers fließen.

Von hier aus kannst du diese Welle wunderbar mit der Brustwelle kombinieren. Variante eins: Wechsle vom Becken zur Brust und zurück. Variante zwei: beide Wellen gleichzeitig.

LASS DEINEN ATEM
RUHIG FLIESSEN UND
GENIESSE DICH SELBST.

SINNLICHES
EMBODIMENT

Wenn wir ganz im Körper und in der Selbstliebe ankommen wollen, müssen wir unserem Becken, dieser ebenso kraftvollen wie sensiblen Region, besondere Aufmerksamkeit schenken. In diesem Kapitel erwarten dich viele sinnliche Übungen. Außerdem Massagen, mit denen du dir Gutes tun und die Verbindung zwischen Haut und Gefühlswelt erleben kannst. Dazu gebe ich dir einige ungewöhnliche Tipps für einen guten Schlaf – enorm wichtig fürs Wohlgefühl und die Gesundheit.

Die Kraft des Beckenbodens habe ich als professionelle Tänzerin für meine körperliche Leistungsfähigkeit und Präsenz entdeckt. Doch bereits bei meinem ersten tieferen Kontakt mit meinem Beckenboden habe ich gemerkt, wie stark er auch auf meine Psyche wirkt. Immer wenn ich mich mit meinem Beckenboden verband, fühlte ich mich mehr geerdet und stärker in meinem Körper. Der Beckenboden ist das Zentrum unseres Bewegungsapparates und die Basis von dem, was wir Core nennen. Wenn wir uns mit ihm verbinden, sozusagen dort in unseren Körper eintauchen und ihn dann von dort aus bewohnen, ist es geradezu, als würden wir den richtigen Eingang in einen perfekt sitzenden Bodysuit finden, von wo aus wir uns dann überallhin ausbreiten können.

DIE KRAFT DES BECKENS ERWECKEN

Über die letzten sechzehn Jahre habe ich den Beckenboden intensiv studiert und in meiner eigenen Praxis und in der Arbeit mit Tausenden von Frauen erforscht. Sie waren genauso begeistert wie ich. Mein Buch zu dem Thema, *Pussy Yoga*, wurde ein internationaler Bestseller und ist in fünf Sprachen übersetzt worden.

Das Thema berührt Frauen so sehr, weil wir hier in den westlichen Kulturen von unserem Beckenboden entfremdet sind. So entkernt spüren wir, dass uns etwas fehlt. Wir fühlen uns oft haltlos, als fehle uns eine stabile Mitte. Denn das Becken ist das vitale Zentrum unseres Körpers und unseres Bewegungsapparates. Vom Becken aus bewegen wir die Beine, es ist der untere Abschluss des gesamten Bauchraums, es beherbergt unsere Sexualorgane und unsere Ausscheidungsorgane. Weil das Becken eine so zentrale Rolle in all diesen wichtigen Lebensfunktionen spielt, ist es auch physiologisch so komplex.

Dich über dein Becken mit den folgenden Übungen zu »verkörpern« wird dir ein ganz neues Lebensgefühl erschließen. Es braucht meist etwas mehr Zeit als bei den anderen Körperteilen, weil wir das Becken über so viele Generationen aus unserem Bewusstsein gestrichen haben. Aber die Hingabe lohnt sich. Wenn du mein Buch *Pussy Yoga* kennst: Die folgenden Übungen überschneiden sich nicht mit denen dort. Und sie lassen sich bestens mit dem »Tanz der Frauen« kombinieren.

Unser Becken hat viel gespeichert

In meiner Arbeit mit Frauen sehe ich täglich, wie viel Scham, Angst und Schmerzen in und um unser weibliches Becken lagern. Die Scham ist für viele Frauen wiederum ein Grund für weitere Scham, schließlich wollen wir alle frei und unbefangen sein. Doch lass uns der Wahrheit ins Auge sehen: Wir Frauen haben nicht nur viel kollektives und transgenerationales Trauma in unserem Becken gespeichert, es wird bis heute tagtäglich vertieft! Jede Werbung, die Frauen erzählt, sie müssten ihre Vagina speziell waschen und parfümieren, jeder Grabscher in der vollen U-Bahn, jeder ältere Herr, der sich über Feministinnen beschwert, all das erinnert uns und unsere Körper daran, dass wir als unzulänglich angesehen werden und nicht sicher sind. In diesen kleinen Angriffen auf unsere persönliche und körperliche Souveränität lebt das Trauma weiter. Wenn wir diese Tatsache herunterspielen, fallen wir unserem Körper und den vielen mutigen Frauen, die ihr Leben riskiert haben, um uns mehr Gleichberechtigung zu bringen, in den Rücken. Wenn wir unser Trauma nicht heilen, tragen wir es unbewusst zu unseren Freundinnen, unseren Partnern oder Partnerinnen und unseren Töchtern.

Deswegen ist es immer eine gute Idee, dich mit deinem Becken, deiner Vagina, Vulva und all den weiblichen Organen zu verbinden. Einfach mal vorbeischauen wie eine gute Freundin, und fragen: »Wie geht's dir heute?« Unsere intimsten, sensibelsten und verletzlichsten Körperteile haben viel zu sagen. Hören wir ihnen zu.

HALLO, VAGINA

RELAX

Die anatomisch korrekten Worte Vagina und Vulva sind sperrig, aber Pussy hört sich für viele Frauen, die *Pussy Yoga* nicht gelesen haben, noch nicht gut an. Deswegen werde ich hier im Buch die anatomischen Namen benutzen. Diese Übung dauert etwa fünf bis zwanzig Minuten, ganz wie du möchtest. Mit der langen Version legst du den Grundstein für die Zukunft. Verwöhne dich mit dieser Übung, so oft du willst.

1. Such dir einen ungestörten Ort mit Bett oder auf der Couch und zieh dich mit etwas Öl (Bio-Kokosöl ist mein Favorit) und sauberen Fingern dorthin zurück.

2. Mach es dir gemütlich im Sitzen oder Liegen, mit angewinkelten Beinen. Du wirst deine Lieblingsposition finden, jede Anatomie ist anders. Leg eine Hand auf dein Herz und die andere auf deine Vulva und spüre in beide hinein. Spüre, ob es eine Verbindung gibt.

3. Benetze deinen Zeige- und Mittelfinger mit etwas Öl und gleite mit einem oder zwei Fingern in deine Vagina. Wenn dir das zu schnell geht, kannst du deine Vagina zum Warmwerden fragen, ob es für sie okay ist, und erst weitergehen, wenn du dich wohlfühlst. Vertrauen ist das Allerwichtigste.

4. Bleib so und lausche auf deinen Körper. Spüre deine Vagina und dein Herz und lass alles aufkommen, was sich zeigen will. Lausche dir selbst und wenn du magst, tritt in einen Dialog mit deiner Vagina oder dem Teil von dir, der etwas sagen möchte.

5. Jetzt streiche sanft die Innenwände entlang und schau, ob du irgendwo eine Verspannung spürst. Vielleicht ist eine Seite härter als die andere? Wenn du so eine Stelle findest, streiche dort sanft vor und zurück oder auf und ab und gib einen sanften Druck

hinein. Bleib im Vertrauen und spüre, was diese Stelle hält. Es geht nicht darum, hier etwas aufzulösen. Das ist ganz wichtig. Die Spannungen verschwinden durch deine sanften Besuche von ganz allein, wenn die Zeit dafür gekommen ist.

6. Bleib dabei, solange du Lust hast. Lieber kurz als gar nicht, du kannst jederzeit wiederkommen.

Wenn dir die Übung gutgetan hat, probiere sie jeden Tag. Das muss nicht immer in diesem geschützten Raum passieren, du kannst es auch am Bidet beim Waschen oder in der Dusche machen. Einfach mal Hallo sagen. So bleibst du mit dir verbunden.

Wenn du Krämpfe oder Schmerzen spürst, wende dich an deine Frauenärztin oder geh direkt zu einer Beckenboden-Spezialistin. Links findest du im Bonusmaterial auf http://coco-berlin.com/de/bodylove.

DICH BESSER KENNEN ALS DEINE FRAUENÄRZTIN

RELAX

Durch deine Vagina kannst du bequem selbst von innen erkunden, ob alles gesund ist. In meinem Buch *Pussy Yoga* erkunden wir sie auch von innen, allerdings habe ich nicht über mögliche Probleme gesprochen. Seit dem Erscheinen des Buches haben sich viele Frauen gemeldet, die berichtet haben, dass ihre Frauenärztinnen oder -ärzte sie nicht über Probleme mit ihrem Beckenboden informiert haben, bis es zu spät war und sich Symptome wie fortgeschrittene Organvorfälle oder Inkontinenz gemeldet hatten. Deswegen kommt hier eine Übung, die ich allen Frauen mitgeben möchte, damit sie Probleme erkennen können, bevor sie Symptome entwickeln.

1. Leg dich mit angewinkelten Beinen bequem hin, der Rücken kann aufgestützt sein.
2. Benetze deine Finger wieder mit Öl. Stimm dich ein wenig auf dich ein und streiche dann deine Vagina-Wände vorne, hinten und an beiden Seiten ab und schau, ob sich alles gut anfühlt. Es ist normal, dass deine Vagina eine Art H bildet und Falten hat. Das Lumen (der Hohlraum) ist im ungefüllten Zustand zusammengeklappt, wobei vordere und hintere Wand sich berühren. Spüre, ob du merkst, dass sich vorn die Blase oder

Harnröhre oder hinten dein Darm in die Vagina wölben oder ob deine Gebärmutter zu weit unten erscheint.

3. Dann huste kräftig, um zu sehen, ob dein Beckenboden alles an Ort und Stelle hält. Mach diese Untersuchung auch im Stehen, das ist die Position, in der die Schwerkraft auf die Organe wirkt.

4. Wenn du etwas Ungewöhnliches bemerkst: Keine Sorge, geh einfach zu deiner Frauenärztin und frag nach, ob das, was du erspürt hast, gesund ist. Wenn du unsicher bist, hol dir eine weitere Meinung ein.

5. Du kannst die Untersuchung einmal im Jahr machen, wie gute Ärzte es tun sollten. Beckenbodenprobleme könne auch junge sportliche Frauen ohne Kinder betreffen.

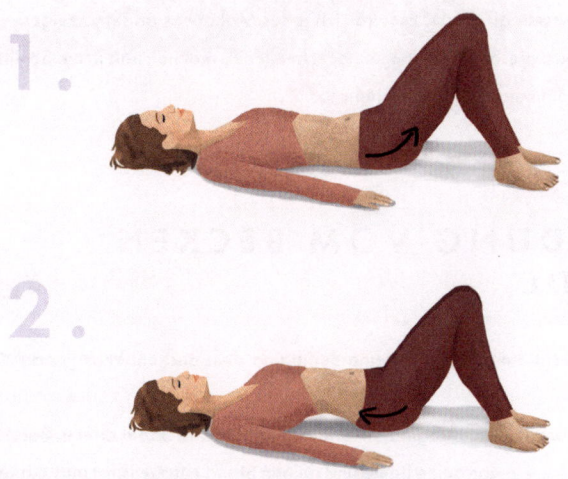

BECKEN BEFREIEN

1. Leg dich bequem auf den Boden und stell deine Füße hüftweit vor dem Po auf, sodass deine Knie zur Decke zeigen. Entspanne und spüre die Schwerkraft.

2. Fühle nun in dein Becken hinein und fang an, es zu bewegen. Auf welche Arten kannst du es mithilfe deiner Beine bewegen?

3. Kipp dein Becken vor (Bild 1) und zurück (Bild 2), sodass mal deine Lendenwirbelsäule, mal dein Steißbein näher zur Erde kommt. Lass dir Zeit, diese Bewegung zu erkunden,

es kann sein, dass es sich am Anfang noch sperrig oder steif anfühlt. Experimentiere mit der Geschwindigkeit, sei liebevoll zu dir und offen für alles, was aufkommt. Im Becken haben wir viele Emotionen gespeichert, nicht nur unsere eigenen, sondern auch die unserer Ahninnen.

4. Während du dich so bewegst, atme jetzt durch die Nase oder den Mund ein und durch den Mund aus. Probiere, dabei Laute zu machen. Schau, was dein Körper heute gern ausdrücken würde. Wenn er das noch nicht so gewohnt ist, sag einfach »Aaaah« und wiederhole es, sodass dein Körper von Mal zu Mal erfährt, dass es sicher ist, sich geräuschvoll auszudrücken. Nach und nach wirst du erfahren, wie sich dein Körper öffnet und angestaute Laute entlädt. Das wird dich sehr befreien.

5. Spürst du die Vibration des Tones im Becken? Spürst du die Verbindung von deinem Becken zu deinem Herz?

6. Vielleicht fühlst du deine Vagina und deine sexuelle Energie? Lass alles aufkommen und schau dir an, was in dir steckt. Es wird sich jedes Mal etwas anderes zeigen.

7. Probiere mal aus, diese Bewegung immer schneller zu machen und in ein Schütteln oder Vibrieren zu kommen. Lass immer mehr los.

VERBINDUNG VOM BECKEN ZUR ERDE

RELAX

1. Stell dich aufrecht hin und spüre deine Beine und dein Becken. Was genau nimmst du wahr?

2. Atme nun bewusst in deine Vagina ein und aus. Entspanne dabei deinen Beckenboden. Kannst du spüren, wie das deine Beine und deinen Stand energetisiert und stärker macht?

3. Probiere, den Kontakt zur Erde mehr einzuladen und zu stärken. Wie wirkt sich das auf deinen ganzen Körper aus? Welche Emotionen kommen auf?

4. Geh im Raum hin und her und spüre diese neue Aktivierung.

5. Nimm dieses Gefühl mit, wenn du das nächste Mal spazieren gehst oder Besorgungen machst, und genieße deine sinnliche Power.

Mit dieser Übung kannst du in schwierigen Situationen und vor Herausforderungen die Ruhe bewahren. Es sind oft die wichtigen Momente im Leben, in denen wir vor lauter Aufregung unbewusst unseren Körper verlassen und uns nachher ärgern, dass wir nicht ganz klar und in unserem Element waren. Diese Übung kann dir helfen, bei dir und in deiner Kraft zu bleiben.

DEIN BECKEN IST DEIN KRAFTORT.

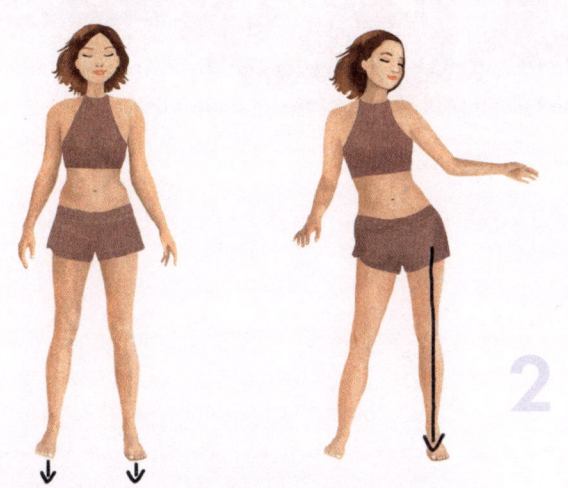

BECKENBODENAKTIVIERUNG IM STEHEN

1. Spüre im Stehen, wie deine Füße auf der Erde aufliegen, und prüfe, ob dein Gewicht gleichmäßig auf beiden Füßen verteilt ist. Spüre auch, ob du mehr auf den Fersen oder auf den Ballen stehst und wie dein Becken positioniert ist.
2. Bleib genau so stehen und drück nun mit deinem rechten Vorderfuß in die Erde, ohne die Position zu verändern. (Bild 1) Geht das? Lass dir gern Zeit für diese Erkundung.

3. Vielleicht spürst du erst mal nichts, dann nimm die Übung mit in deinen Alltag und probiere sie immer wieder, wenn du irgendwo stehst. Du kannst dir auch einen Timer stellen und dich jede Stunde einmal hinstellen und die Übung probieren.

4. Wenn du spürst, dass sich durch den Druck des Fußes etwas in deinem Becken regt, hast du die Verbindung vom Fuß durch die Beinmuskeln und Faszien in den Beckenboden gefunden.

5. Spiele mit dieser neu entdeckten Verbindung: Drück abwechselnd links und rechts.

6. Drück mit beiden Füßen gleichzeitig.

7. Next Level für Fortgeschrittene: Verfeinere deine Beckenbodenaktivierung, indem du nur mit dem Ballen der Großzehe in die Erde drückst. Spürst du den feineren Zug an der Beininnenseite, direkt in den Beckenboden?

8. Was passiert, wenn du deine Hüfte sanft nach rechts schiebst und dabei gleichzeitig mit dem rechten Fuß in die Erde drückst? (Bild 2) Übe hin und her und schau, ob sich so vielleicht mal der eine, mal der andere Fuß von der Erde heben will.

Mach die Übung auch beim Gehen und beim Treppensteigen und genieße eine neue Leichtigkeit und Eleganz in deiner Bewegung.

VAGINA-ATMUNG

RELAX

1. Nimm eine bequeme Position im Liegen, Sitzen oder auch im Stehen ein. Spüre die Schwerkraft und fühle deinen Körper möglichst in seiner Gänze.
2. Lenke nun deine Aufmerksamkeit in deine Venuslippen und deine Vagina und atme ein. Visualisiere, wie du durch sie einatmest. Spüre, wie Lebensenergie von unten durch sie hindurch nach oben strömt.
3. Mit dem Ausatmen verteile diese Energie im ganzen Körper, von der Mittellinie aus bis in die äußersten Spitzen des Körpers.
4. Wiederhole das, solange du möchtest, und schau, ob das eventuell deine Sexualkraft aktiviert. Genieße die Energie, die du in dir nur für dich kultivierst.

Diese Übung eignet sich wunderbar, um im Alltag aufzutanken und auch um deine sexuelle Energie zu aktivieren, zum Beispiel, wenn du vor einem Date deine Ausstrahlung intensivieren möchtest.

SEXUELLE ENERGIE KULTIVIEREN

Diese Übung ist eine Einladung. Mach sie, wenn du mehr von deiner sexuellen Energie erfahren möchtest.

1. Beim ersten Anzeichen einer Erregung: Spüre in deinen Körper hinein. Welche Körperteile kribbeln, welche Körperteile pulsieren, welche Körperteile schwellen an? Lerne deine Anatomie ganz bewusst zu erfühlen. Das kann die Erregung noch steigern.
2. Wenn die Energie stark ist, verteile sie in deinem ganzen Körper: Beim Einatmen lass sie die Wirbelsäule entlang nach oben steigen bis zum Scheitel, beim Ausatmen lass sie vorn herunterströmen. Kreise auf diese Weise, sooft du möchtest. Spüre, ob dieses Kreisen die Energie auch bis in deine Fingerspitzen und Zehen bringt. Wenn nicht, hilf etwas nach, indem du sie bewusst einlädst, in alle Bereiche deines Körpers zu kommen. Genieße die Energie im ganzen Körper und darüber hinaus. So aufgeladen strahlst du geradezu.

Bei dieser freien Energiearbeit gibt es keine Regeln, du kannst deiner Intuition vertrauen. Es sei denn, du möchtest klare Regeln, dann kannst du dich im Taoismus oder im Tantra umschauen. Ein ekstatisches Leben ist auch ohne diese Lehren möglich.

SEXUELLE ENERGIE REGULIEREN UND NUTZEN

Was tun mit der ganzen sexuellen Energie? Das ist eine Frage, die ich öfters höre, weil Frauen mit der Erweckung ihres Beckenbodens oft das erste Mal so richtig viel von dieser Kraft spüren. Wenn sie zum ersten Mal mit der Kraft ihres Beckenbodens in Verbindung kommen, entfesseln sie oft geradezu einen Sturm an sexueller Energie. Das kann am Anfang ungewohnt viel sein.

Hier sind die wichtigsten Fakten und Tipps für den Umgang damit:

1. Mit Body Love wirst du Schritt für Schritt lernen, deine Toleranzgrenze in deinem Körper zu erweitern, sodass du mit immer stärkeren Emotionen und Energien umgehen kannst. Das entwickelt auch eine gesunde Resilienz für den Umgang mit Konflikten und Herausforderungen des Lebens.

2. Erregung und sexuelle Energie ist nichts, für das man sich schämen braucht. Spüre einmal nach, ob du ihnen gegenüber eine ablehnende Haltung hast. Dein Widerstand hat nicht unbedingt nur etwas mit deinen bewussten Moralvorstellungen zu tun, wir alle tragen unbewusst generationenaltes Trauma und Moralvorstellungen in unseren Körpern. Sexuelle Energie auszustrahlen und die eigene Sexualität zu leben war für Frauen über lange Strecken der Geschichte gefährlich. Bis heute wird Frauen vorgeworfen, sie hätten sich die Vergewaltigung selbst zuzuschreiben, weil sie »zu leicht bekleidet« unterwegs waren. All das können wir aber nach und nach durch Body Love aus unseren Zellen bekommen.

3. Es ist deine eigene Energie, du musst sie nicht mit jemandem teilen.

4. Du kannst die sexuelle Energie in Orgasmen entladen oder sie einfach kultivieren. Sie zu entladen führt bei uns Frauen nicht unbedingt dazu, dass sie sich legt. Mach hier deine eigenen Erfahrungen und spiele damit.

5. Wenn dir die sexuelle Energie am Anfang zu viel wird, kannst du sie verringern: Lenk dich mental ab und lass die Beckenübungen für einige Zeit weg. Nähere dich dann wieder in deinem eigenen Tempo. In der Regel weiß dein Körper, wofür du gerade bereit bist, aber er weiß nicht, dass du vielleicht gerade andere Prioritäten in deinem Leben hast.

Die meisten Menschen gehen mit einer unterdrückten Sexualität durchs Leben. Doch du kannst diesen Zustand ändern und mehr Vitalität in dein Leben bringen, wenn du möchtest.

BERÜHRT WERDEN – ÜBER DIE HAUT

Unsere Haut ist eine anderthalb bis vier Millimeter dicke Hülle, die den Körper nach außen hin abschließt, schützt und zusammenhält. Mit durchschnittlich 1,73 Quadratmetern Fläche und zehn bis vierzehn Kilogramm Gewicht ist sie unser größtes und vielseitigstes Organ. Die Haut spielt eine wichtige Rolle im Stoffwechsel, sie atmet, entgiftet, nimmt mit ihren Millionen Nervenenden die Umwelt wahr und passt sich dem Klima innen und außen an. Über die Haut kommunizieren wir auch, wie es uns emotional und gesundheitlich gerade geht.

Der Sinn unserer Haut ist der Tastsinn, der zu den allerersten Sinnen gehört, die wir ausbilden. Er wird aktiv, lange bevor wir hören oder riechen können. Schon in der fünften Schwangerschaftswoche können wir als Embryo Berührungen im Gesicht spüren. In der achten Schwangerschaftswoche reagieren wir auf taktile Außenreize, etwa wenn jemand die Hand auf den Bauch unserer Mutter legt. Auch nach der Geburt bleibt unser Tastsinn vorerst der dominante Sinn, über den wir die Welt erfahren.

Bei allen angenehmen Berührungen empfinden wir Glücksgefühle. Grund dafür ist, dass dabei das Liebeshormon Oxytocin ausgeschüttet wird. Es beruhigt das Nervensystem und sorgt dafür, dass wir uns entspannen. Es führt ein Gefühl der sozialen Verbundenheit herbei, reguliert unsere Emotionen und den Blutdruck. Außerdem werden unsere kindlichen Entwicklungsprozesse beschleunigt: Wir wachsen besser, Nervensystem und Immunsystem werden gestärkt und unsere Körperfunktionen sind weniger anfällig für Störungen. Kinder, die sich von klein auf geliebt fühlen, entwickeln ein positives Körpergefühl und mentale Stärke. Ein Mangel an Berührung kann hingegen zu Entwicklungstrauma führen oder sogar zum Tod.[27]

Die Sehnsucht nach Berührung und Hautkontakt bleibt ein existenzielles Grundbedürfnis aller Menschen.

Durch Berührung haben wir aber auch selbst die Möglichkeit, unser Nervensystem zu regulieren und tiefe körperliche Selbstliebe zu entdecken. Die folgenden Übungen sind im wahrsten Sinne berührend. Lass dich überraschen, wie emotional es sein kann, dir selbst zärtlich und berührend zu begegnen.

SINNLICH DIE HAUT STREICHELN

Diese Übung ist nicht nur liebevoll für dich, sondern steigert auch deine Empfindsamkeit und Genussfähigkeit für die Berührungen anderer.

1. Nimm eine Hand und leg sie sanft auf den anderen Arm.
2. Streiche nun ganz vorsichtig mit der Hand über deinen Arm und spüre, wie sich der Arm und die Haut, die du streichelst, anfühlen. Beobachte, wie sich die Haut an den verschiedenen Stellen des Armes anfühlt: am Ellbogen, an der Außenseite, an der Innenseite. Spürst du die kleinen Härchen, bemerkst du Unebenheiten und Besonderheiten?
3. Probier, wie es ist, die Augen geschlossen zu haben, und wie es ist, der Hand mit deinen Augen zu folgen.
4. Schau dir deine Haut gut an. Welchen Farbton hat sie? Was für eine Struktur? Siehst du Venen? Härchen? Male? Fältchen? Zeichen von deinem bisherigen Leben? Ist das nicht faszinierend? Das bist du.
5. Fühle dich jetzt in deinen Arm hinein und spüre die Hand, die streichelt. Wie fühlt sich diese streichelnde Handfläche an? Was kannst du über sie erfahren? Ist sie weich? Warm?
6. Beobachte, wie es sich anfühlt, so gestreichelt zu werden. Spüre, wie jede Stelle des Arms ganz anders auf Berührung reagiert. Einige Bereiche sind viel sensibler als andere.
7. Fühle jetzt ganz bewusst mit deinen kleinen Härchen.
8. Nun nimm die Hand wieder weg und beobachte, wie du dich fühlst. Wie ist es, du selbst zu sein? Wie ist es, in deinem Körper zu wohnen?

SINNLICHE BERÜHRUNGEN VON DINGEN GENIESSEN

1. Erspüre alles, was du heute berührst. Beginne mit dem, was du jetzt gerade dahast, wie dieses Buch. Wie fühlt es sich an, was ist es für eine Textur? Welche Temperatur hat es? Streiche jetzt über das Polster, auf dem du sitzt oder liegst. Über deine Kleidung. Wenn du eine Türklinke anfasst: Wie fühlt sie sich an? Wie fest musst du drücken, um die Tür zu öffnen? Spüre alles um dich herum, solange du möchtest.

2. Stell dir einen Timer, der sich alle zwei Stunden meldet. Dann spürst du, genau da, wo du dich dann befindest, alles um dich herum. Das Lenkrad, den Schreibtisch, die Tastatur, den Kaffeebecher ... Nimm dir ein paar Atemzüge Zeit, alle Gegenstände in deiner Umgebung sinnlich zu erkunden.

SPÜRE DEINE HAUT VON INNEN

Unsere Haut umgibt uns als lebendige, atmende Hülle, doch meist sind wir uns ihrer gar nicht bewusst. Deine Haut als Hülle wahrzunehmen macht dich sofort präsent.

1. Schließ deine Augen und spüre, wie und wo du gerade in deinem Körper bist.

2. Wandere nun mit deiner Aufmerksamkeit zu deinen Füßen. Kannst du wahrnehmen, wie ihre Haut die Erde berührt? Wenn du sitzt, kannst du die Haut deines Pos spüren und wie sie die Sitzfläche berührt? Kannst du die Haut von innen fühlen?

3. Spüre die Haut deines Kopfes von innen und wie dort die Haare herauswachsen. Wandere liebevoll durch dein ganzes Gesicht und nimm auch die Haut der Nase und der Ohren von innen wahr.

4. Kannst du die Haut deiner Arme und Hände von innen bewohnen, deine Fingernägel?

5. Fühle die Haut an deinem Bauch und deinen Brüsten von innen heraus.

6. Wandere so durch deinen Körper und versuche die Haut überall von innen zu erkunden.

7. Kannst du sie auch als Ganzes wahrnehmen, wie sie dich überall umhüllt?

8. Kannst du von innen her fühlen, wie Luft deine Haut berührt?

9. Spüre dich selbst, wie du in dieser wunderbaren Hülle lebst.

10. Öffne deine Augen. Wie ist es so, in deinem Körper zu sein?

11. Beginn dich zu bewegen und erkunde, wie sich Bewegung anfühlt. Spürst du, wie sich die Haut an einigen Stellen dehnt oder über den Muskeln spannt? Spürst du Luftdruck und Luftzug? Spürst du deine Kleidung?

Nimm diese Übung mit in den Alltag. Stell dir einen Timer, der sich jede Stunde einmal meldet, und spüre bei jedem Klingeln für einige Minuten deine Haut. Oder setz dir einen Anker: Immer wenn du das Haus verlässt, immer wenn das Telefon klingelt, immer am Kaffeeautomaten im Büro erlebst du deine Haut von innen.

DICH SELBST UMARMEN

Diese Übung eignet sich wunderbar, um dich in stressigen Situationen zu beruhigen, und sie kann auch körperliche Schmerzen lindern.[28] Aber sie ist auch in ruhigen Momenten einfach eine berührende Begegnung mit dir selbst.

1. Leg deine rechte Hand auf deinen linken Oberarm und umgekehrt, sodass sich deine Arme über der Brust kreuzen. Justier noch ein bisschen nach, bis du spürst, dass du dich selbst umarmst.
2. Wie fühlt sich das an? Wie würdest du dich gern halten? Möchtest du fester greifen? Willst du dich drücken oder lieber sanft streicheln?
3. Streiche nun von der Schulter in Richtung Ellbogen und spüre deine Berührung. Ist das nicht beruhigend?
4. Lass deine Hände jetzt ruhen und spüre deinen Atem. Das bist du, du bist hier, und alles ist gut.

Selbstmassagen – zuerst am Bauch

Selbstmassagen verbinden uns direkt mit unserem Körper. Als achtsame Zuwendung zu uns selbst fördern sie die Selbstliebe und beruhigen unser Nervensystem. Sie helfen, Verspannungen zu lösen und Emotionen zu verarbeiten. Wir lernen unseren Körper, seine Biologie und seine Psychologie jedes Mal genauer kennen. Wenn wir die Massage aufmerksam und hingebungsvoll machen, stärken wir unsere Körper-Geist-Verbindung. All das erhöht unsere Selbstwirksamkeit und unser Selbstbewusstsein.

Wir beginnen mit einer wohltuenden Bauchmassage. Wie ist dein Verhältnis zu deinem Bauch? In meiner Arbeit sehe ich täglich, dass der Großteil der Frauen ein echtes Problem mit dem eigenen Bauch hat. Unsere gesellschaftliche Fixierung auf den Waschbrettbauch sorgt dafür, dass der Bauch in Umfragen an erster Stelle der Körperteile rangiert, die Frauen an sich selbst nicht mögen.[29] Weil wir ihn unbewusst ständig einziehen, ist er meist chronisch verspannt. Das belastet die Organe, die dann nicht mehr so gut arbeiten können, es schränkt die Durchblutung und den Lymphfluss ein. Das Zwerchfell wird blockiert und kann keine volle Atmung mehr ermöglichen – und die ist wichtig für die Funktion aller Organe und stellt zugleich ein Training aller Rumpfmuskeln dar. Ein verspannter Bauch kann den Beckenboden ausleiern und ebenfalls verspannen.

BAUCHENTSPANNUNG KANN KÖRPERLICH UND PSYCHISCH WUNDER WIRKEN.

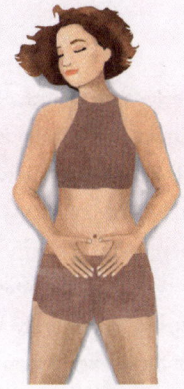
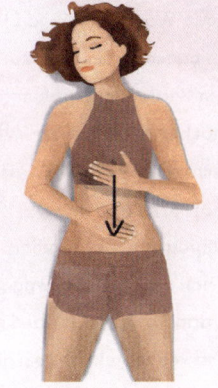
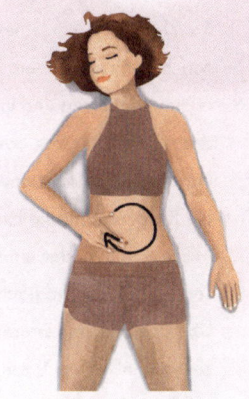

BAUCHMASSAGE

Diese Massage ist unheimlich wohltuend und eignet sich als kleine Pause zwischendurch. Sie entspannt dein Nervensystem und regt die Verdauung an. Wenn du nach und nach deinen Bauch entspannen kannst, wird sich der gesunde Tonus der Bauchmuskeln durch eine volle Atmung und eine funktionale Aktivierung im Alltag ganz von allein einstellen. Das wird deinen Bauch automatisch straffen.

Nimm dir für jeden Schritt mindestens eine Minute Zeit. Sei zärtlich zu deinem Bauch und beobachte, was die sanften oberflächlichen Berührungen tief im Inneren deines Bauchraums verursachen. Spüre, wie sich in deinem Körper Energien in Bewegung setzen und welche Emotionen aufkommen. Mach diese Massage ohne Musik und sei ganz bei dir.

1. Lege dich bequem hin und mach deinen Bauch frei. Du brauchst kein Öl.
2. Platziere deine Hände zunächst in die Leistenbeugen und kreise dort sanft auf der Haut, um die großen Lymphknoten zu aktivieren.
3. Leg jetzt beide Hände auf den Unterbauch, sodass die Daumen sich am Bauchnabel treffen und mit den Zeigefingern beider Hände ein Dreieck bilden. Lass die Hände so möglichst bequem auf deinem Bauch liegen und spüre deinen Atem im gesamten Bauchraum. Verändere deine Atmung nicht, lass sie einfach fließen. Sie wird sich auf natürliche Weise entspannen, und das wird auch deinen Darm entspannen. (Bild 1)
4. Platziere nun deine rechte Hand möglichst weit oben auf deinen Bauch und streiche sanft zum Bauchnabel. Dort angekommen legst du die linke Hand oben auf den Bauch

und streichst dann mit ihr zum Bauchnabel. Lass beide Hände so stetig über deinen Bauch fließen, wie einen milden Wasserfall. (Bild 2)

5. Mach dann wieder eine Atempause wie in Schritt 3.
6. Nimm eine Hand und kreise in Verdauungsrichtung: von der rechten Hüfte nach oben, dann quer über den Bauch nach links und weiter im Kreis. Sei ganz sanft und liebevoll und lass dich von deiner Intuition leiten. Spüre, was dir guttut. (Bild 3) Wechsle dann die Richtung und die Hand.
7. Mach dann wieder eine Atempause wie in Schritt 3.
8. Leg nun eine Hand flach auf den Bauch und beweg sie mit der Haut in sanften Kreisen. Übe dabei keinen Druck aus, das Gewicht der Hand reicht völlig aus. Geh dann im Uhrzeigersinn ein Stück weiter und wiederhole das um den Bauchnabel herum, solange du Lust hast. Du kannst das auch mit beiden Händen gleichzeitig machen, Hauptsache sanft.
9. Mach dann wieder eine Atempause wie in Schritt 3.
10. Du kannst die Übung nun beenden oder die Punkte wiederholen, die dir gefallen. Mach auch die Atempause immer wieder mit.

Solltest du mal Verstopfung haben oder dich gebläht fühlen, regt diese Massage die Verdauung sanft an. Bei chronischer Verstopfung kann sie, jeden Abend angewendet, die Peristaltik normalisieren helfen.

ORGANE ENTSPANNEN

Die meisten von uns halten viel Anspannung in den viszeralen Faszien um die Organe herum. Eine gezielte Entspannung ist daher sehr hilfreich und kann auch emotional sein. Diese Übung ist wunderbar zum Relaxen und zum Einschlafen, sie eignet sich aber auch sehr gut, um Stress nachhaltig loszulassen und deine Organe gesund zu erhalten.

1. Leg dich bequem hin und spüre, wie dein Körper auf der Unterlage liegt.
2. Wandere nun durch alle Organe, die du bei der Übung »Liebe deine Organe« kennengelernt hast. Atme in das jeweilige Organ hinein und spüre, wie es weiter wird.
3. Lass es beim Ausatmen in die Erde sinken. Du kannst dich bei dem Organ auch für seine unermüdliche Arbeit bedanken.

4. Bleibe bei jedem Organ so lange, wie du möchtest, du kannst auch mehrere Durchläufe machen.

5. Variation: Bade deine Organe in einem goldenen Licht.

Wenn du dazu neigst, dein Essen hinunterzuschlingen, wirst du wahrscheinlich ziemlich viel Spannung in deinem Nervensystem und in den Organen haben. Nimm dir dann vor dem Essen fünf Atemzüge Zeit, um eine Kurzversion der Übung zu machen und bei jedem Atemzug ganz bewusst deinen Magen und den Darm zu entspannen. Das wird dein Nervensystem regulieren und dir helfen, dein Essen mehr zu genießen.

Nutze deine Mahlzeiten als einen Weg, dein Leben mehr zu genießen. Erfreue dich am Essen oder der Gesellschaft, die du dabei hast, und verbinde dich mit dir selbst. Du nährst deinen wunderschönen Körper. Versuche, stressige Themen am Tisch zu vermeiden und nicht nebenher noch irgendwelche Medien zu konsumieren. Wenn das sympathische Nervensystem beim Essen aktiv ist, können wir nicht entspannen und nicht gut verdauen. Das sorgt für eine unzureichende Nährstoffaufnahme, Überessen und möglicherweise auch Verdauungsprobleme und Störungen im Mikrobiom. Achtsamer Genuss hingegen tut auch der Verdauung gut.

Pflege und Straffung für deine Brüste

Viele Frauen haben ein Problem mit ihren Brüsten, sie finden sie zu klein, zu groß, zu schlaff, zu ungleichmäßig. Die folgende Massage hilft dir nicht nur, eine liebevolle Beziehung zu deinen Brüsten aufzubauen, sie wird sie auch tatsächlich schöner machen. Wenn du deine Brüste noch nicht täglich massierst, wirst du ein Wunder erleben. Jede unserer Brüste bestehen aus einer Brustdrüse, Fett und Bindegewebe. Wenn sie nicht regelmäßig massiert und ohne BH bewegt werden, stagniert in ihnen die Lymphflüssigkeit. Gifte und Abfallstoffe werden nicht mehr hinreichend abtransportiert und neue Nähr- und Baustoffe nicht ausreichend zugeführt. Das kann zu Verformung der Brust, zur Ansammlung von Flüssigkeit im umliegenden Gewebe (sieht aus wie Speckröllchen am BH), Schmerzen vor der Periode und hängenden Brüsten führen. Durch eine regelmäßige Brustmassage wirst du die Lymphflüssigkeit in Bewegung bringen, aber auch die Durchblutung und somit die Versorgung mit Nährstoffen und die Kollagenproduktion ankurbeln. Du wirst altes, vielleicht verklebtes Fasziengewebe auflockern und dafür sorgen, dass sich neues, besser strukturiertes Gewebe aufbauen kann. Ich habe die Brustmassage in meinen Zwanzigern entdeckt und heute, mit 43, habe ich straffere und schönere Brüste als mit Anfang zwanzig. Meine Frauenärztin wundert sich immer über mein gutes Bindegewebe in der Brust.

Du kannst diese Massage morgens oder abends, in der Dusche oder einfach immer mal zwischendurch machen. Ich mache meist eine Minute in der Dusche und immer, wenn ich Kleidung anziehe oder ausziehe. Manchmal nehme ich mir fünf Minuten Zeit für eine ausführlichere Massage, vor allem vor und während der Menstruation.

Viele Frauen haben Angst vor dieser Massage, weil sie fürchten, einen Knoten in der Brust zu finden. Aber das ist natürlich das Gegenteil von einem vertrauensvollen Verhältnis zum Körper. Fakt ist: Die Brustmassage ist eine der wirksamsten Vorsorgemaßnahmen gegen Brustkrebs, da du die Möglichkeit hast, Knoten oder Zysten im Frühstadium zu erkennen. Unsere Brust besteht ja aus Drüsen-, Binde- und Fettgewebe, und jede dieser Gewebearten kann auffällige Knoten bilden. Ärzte schätzen, dass 90 Prozent der Frauen einmal in ihrem Leben einen Knoten in der Brust haben, der aber meist nicht bösartig ist. Du musst dir also keine Sorgen machen, wenn du etwas Derartiges ertastest, geh einfach zur Frauenärztin und lass es untersuchen.

Ich bin überzeugt davon, dass der Körper uns mit Unregelmäßigkeiten oder Beschwerden etwas sagen möchte und dass wir mit unserer Intuition genau erahnen können, um was es sich handelt. Wenn du es nicht sofort fühlst, kannst du deinen Körper einfach fragen und auf eine Antwort lauschen, sie wird sich in der Sprache deines Körpers (siehe Kapitel »Wie dein Körper mit dir kommuniziert«) zeigen. Mein Körper zeigt mir mit Knoten immer an, dass ich zu hart mit mir selbst bin. Mein erster Knoten war ein Schock für mich, in fester Erwartung einer Krebsdiagnose lief ich zur Frauenärztin, doch sie teilte mir mit, dass es eine harmlose Flüssigkeitsansammlung ist, die wir einfach nur beobachten sollten. Irgendwann im Zuge meines immer freundlicheren Verhältnisses zu mir selbst verschwand er und tauchte erst wieder auf, als ich mich in einer Krise befand. Ich wandte mich mit Fürsorge meiner Brust zu und gab ihr tägliche liebevolle Massagen. Der Knoten verschwand nach einiger Zeit und war bei der nächsten Routineuntersuchung nicht mehr festzustellen.

Mit den Massagen kann ich nicht nur für eine gute Durchblutung und Entgiftung meiner Brust sorgen, sondern mich auch stärker mit mir selbst und meiner Intuition verbinden und tiefe Einsichten für den Umgang mit einem Problem finden. Ich nehme meine Brüste täglich beim Massieren wahr und erfreue mich an ihrer Schönheit, Gesundheit und dem guten Gefühl, das mir die Massage gibt.

DEIN KÖRPER SAGT DIR, WAS DU BRAUCHST.

BRUSTMASSAGE

VITALIZE

Eine regelmäßige Brustmassage stärkt dein Bewusstsein dafür, was für deinen Körper normal ist, und hilft dir, Veränderungen zu erkennen. Und natürlich hält sie die Brüste straff und schön. Du wirst bei der täglichen Anwendung merken, wie sich deine Brust im Laufe des Zyklus verändert und auch mit den Wechseljahren.

1. Im Sitzen oder Stehen: Nimm gutes Öl, ich persönlich mag Arganöl mit wechselnden ätherischen Ölen, weil die Textur so fein ist und es sehr gut einzieht. Mach jeden Strich mindestens vier Mal, gern mehr, wenn es dir gefällt. Stell dir vor, wie die Massage deine Brüste mit Liebe versorgt, sie nährt, strafft und erfrischt. Erfreue dich an ihrer individuellen Schönheit und Sensibilität.

2. Streiche mit beiden Händen von der Seite von weit unter deinem Arm bis zur Brustwarze, immer wieder. Dann von dem Punkt zwischen den Brüsten jeweils zur Brustwarze, dann von unten, dann von oben.

3. Fahre mit deinen Handflächen um die Brust herum: innen hoch, dann nach außen und hinunter, dann unten nach innen und so weiter. Finde deinen perfekten Flow. Hab keine Angst, zu fest zu drücken, eine feste Massage leiert nicht aus, sondern vitalisiert dein Bindegewebe. Wechsle dann die Richtung.

4. Mach nun kleine Kreise mit den Fingerspitzen auf der Brust um die Brustwarze herum. Sei neugierig auf das Gewebe deiner Brust und drücke ruhig zu. Das bringt Bewegung zwischen all die Zellen und hilft, die Lymphe zu stimulieren.

5. Fahr jetzt mit deiner rechten Hand um beide Brüste in einer vorgestellten liegenden Acht. Wechsle die Richtung. Dann mach beide Richtungen mit der linken Hand.

6. Greif deine Brüste von seitlich unten, als wolltest du mit deinen Fingern und dem Daumen ein BH-Körbchen bilden, und streiche nach oben zur Brustwarze, als wolltest du etwas aus deinen Brustwarzen herausquetschen. Dabei kannst du dir vorstellen, dass du alte stagnierende Energie aus den Brüsten entlässt.

7. Bilde wieder die BH-Körbchen wie eben und stupse deine Brüste nach oben, als wolltest du sie hochwerfen. Sie landen sicher in deinen Händen. Vibriere sie so und spüre, wie das ganze Gewebe und alle Zellen aktiviert werden.

8. Zum Abschluss halte deine Brüste umfangen und spüre nach. Erfreue dich an dem Gefühl, das du jetzt empfindest. Wenn du zwei gesunde Brüste hast, kannst du dankbar sein. Mit jeder Massage werden sie schöner, straffer und gesünder.

Gutes für den Kopf

Die Kopfmuskulatur ist den meisten Menschen unbekannt, und sie ist sehr oft verspannt. Wie ist das bei dir? Eine kräftige Kopfmassage bringt deinen Kopf jedenfalls wieder mehr in dein Bewusstsein. Sie stimuliert und macht angenehm wach. Dabei entspannt sie auch die oft vernachlässigten Kopfmuskeln und -faszien. Du wirst den Effekt auch sofort im Gesicht sehen, alles wird frischer und entspannter.

Die Kopfmassage regt die Durchblutung und den Lymphfluss an, was zu einem gesünderen Haarwuchs beitragen kann. Mach diese Massage jeden oder jeden zweiten Tag. Zwei bis fünf Minuten reichen, um die Kopfhaut zu vitalisieren.

KOPFMASSAGE

1. Im Sitzen oder Stehen: Die Schultern bleiben möglichst locker. Wenn du merkst, dass sich deine Schultern verspannen, bewege und lockere sie erst ein wenig. Massiere nur so lange, wie du mit entspannten Schultern kannst. Du kannst dich von Mal zu Mal steigern. Verspannte Schultern sind den Effekt nicht wert.

2. Bevor wir mit der Massage starten, kurbeln wir unser Lymphsystem an, dann kann alles, was wir gleich aufwühlen, direkt in die Lymphknoten abtransportiert werden und die Massage wird noch effektiver.

3. Leg deine Finger federleicht auf die Kuhle über deinen Schlüsselbeinen und mach dort kleine sanfte Halbkreise nach außen, ohne die Finger von der Haut zu lösen. Zehn Mal.

4. Hebe nun deine Arme über deinen Kopf und leg von oben die Hände auf dem Nacken ab. Die Fingerspitzen zeigen nach unten, und die Ellbogen sind neben dem Kopf und zeigen nach oben. Lass die Hände so auf der Haut aufliegen und führe die Ellbogen dann beim Ausatmen über vorn nach unten. So gleiten deine Handflächen mit etwas Widerstand nach vorn, und die Fingerkuppen landen am Ende wieder sanft in der Kuhle am Schlüsselbein. Wiederhole diesen kräftigen Strich fünf Mal. (Bild 1)

5. Jetzt kann die Massage beginnen: Leg deine Fingerkuppen sanft (oder nach Bedarf kräftiger) vorn am Haaransatz auf deinen Kopf und fang an, mit kleinen Kreisen nach oben zur Krone zu wandern. Benutze deine Hand wie eine Harke. Setze dann wieder am Haaransatz, aber etwas seitlicher an und wiederhole das Harken, bis du deinen gesamten Haarbereich so erfrischt hast. Immer vom Haaransatz nach oben zur Krone. Wiederhole den gesamten Ablauf so oft du willst. (Bild 2)

6. Harke nun vom Haaransatz in geraden Linien bis zur Krone, von vorn nach hinten.

7. Nimm jetzt deine rechte Hand zum vorderen Haaransatz und die linke zum hinteren, sodass sich die Hände gegenüberliegen. Harke von dort kräftig zum Haaransatz, wechsle dann die Hände. Verschiebe die Hände diagonal, eine rechts vorn, die andere links hinten und so weiter. Wiederhole das, sooft du magst. (Bild 3)

8. Dann leg deine Fingerkuppen vorn auf den Haaransatz und drücke sanft in die Haut. Lass deine Fingerkuppen so auf der Haut und verschiebe die Haut über deinen Schädel, zehn Mal. Gleite dann ein bis zwei Zentimeter weiter nach oben Richtung Krone und wiederhole das. Geh so den ganzen Kopf entlang. Die Muster sind dieselben wie beim Harken. Du kannst sie aber gern nach Bedarf anpassen.

9. Wenn du eine Stelle findest, die mehr Liebe braucht, weil sie verspannter ist oder eine Flüssigkeitsablagerung zu spüren ist, nimm dir Zeit für sie. Halte deine Gesichtszüge so entspannt wie möglich und lass immer mehr los. Begegne deinem Körper.

10. Gleite mit den Fingern in die Haare, leg die Handflächen auf und rubbel deine Haare, als würdest du Trockenshampoo verteilen. Mach das auf der ganzen Kopfhaut. Beug deinen Kopf nach unten, um an alle Stellen des Kopfes zu kommen.

11. Deine Haare sind jetzt bestimmt ziemlich wild. Wie fühlst du dich?

Dein Gesicht erleben

Unser Gesicht ist ein Bereich des Körpers, den wir meist nur von außen begutachten und nicht bewusst von innen bewohnen. Dabei hält es auch gespeicherte Emotionen in den Muskeln und Geweben. Ein körperlicher Dialog mit deinem Gesicht kann sehr spannend und heilsam sein.

DAS EIGENE GESICHT ERKUNDEN

1. Im Sitzen oder Liegen: Schließ deine Augen und leg deine Finger vorsichtig auf dein Gesicht. Wo hast du intuitiv zuerst hingefasst? Wie fühlt sich deine Haut dort an? Wie ist die

Hauttemperatur? Ist sie gleichmäßig warm? Wie fühlt sich die Textur an? Ist sie eher trocken oder ölig, kannst du die feinen Härchen spüren? Wie verändert sich deine Haut an den verschiedenen Stellen des Gesichts? Geh gern auch zu Hals, Nacken und Dekolletee.

2. Welche Stellen treten hervor, wo geht es tiefer? Welche Stellen sind hart, welche weich?

3. Kennst du deine Knochen und Muskeln? Kannst du sie mit den Fingern ausmachen?

4. Was ist das für eine Frau unter deinen Fingern? Was kannst du tastend in ihrem Gesicht ablesen?

5. Das ist dein Gesicht, das dich dein ganzes Leben lang begleitet, so eines gibt es auf der ganzen Welt nur ein einziges Mal. Wie fühlt es sich für dich an, mit so viel Neugierde und Hingabe erkundet und betastet zu werden?

AUTHENTIC MOVEMENT IM GESICHT

1. Mach es dir im Sitzen bequem und schließ deine Augen.

2. Lade dein Gesicht ein, sich zu entspannen und gehen zu lassen. Lade es ein, sich frei zu bewegen und auszudrücken. Frag, was es gern machen möchte oder ob es dir etwas erzählen möchte.

3. Wenn sich nichts bewegt, kommen hier drei Anregungen, um eure Kommunikation anzuregen: Lass deinen Kiefer nach unten fallen und schau, was dann passiert.

4. Lass deine Augäpfel nach unten Richtung Erde sinken.

5. Spürst du irgendwo eine Verspannung? Spann dort mehr an und lass dann in Zeitlupe los.

AUGEN ALS SPIEGEL DER SEELE

Diese Augenmeditation ist ein intimes Date mit dir selbst.

1. Setze dich mit einem Timer (fünf Minuten für den Start) möglichst nah vor einen Spiegel.

2. Schau dir selbst in die Augen.

3. Blicke in beide Augen oder mal in eines, mal in das andere.

4. Atme ruhig und sitze so mit dir selbst, lausche in dein Herz hinein.

5. Spüre dich hier und spüre dich im Spiegel.

6. Was zeigt sich in deinen Augen?

7. Lass dich auf eine intime Begegnung mit deinem wahren Selbst ein.

Diese Meditation kannst du auch mit anderen Menschen machen. Setz dich vor die Person und schau ihr ruhig in die Augen. Folge dabei deiner Intuition, schau mal in beide, mal in das eine, mal in das andere. Was siehst du? Atme entspannt und bleib bei dir, fühle in dein Herz hinein.

Die Erfahrungen, die ich mit dieser Übung gemacht habe, sind wunderbar bis verrückt. Es ist wahrscheinlich, dass du Aspekte von dir oder dem anderen siehst, die du so noch nie wahrgenommen hast, und dass du eine tiefe Verbindung oder Liebe spürst. Es kann aber auch passieren, dass du zeitweise fremde Wesenszüge oder Gesichter siehst. Was das genau ist, konnten Wissenschaftler noch nicht erklären. Es könnten vergangene Leben sein oder Anteile des großen Bewusstseins, deren Teil wir alle sind. Ich gehe davon aus, dass wir dabei etwas über die andere Person erfahren, während andere meinen, dass wir nur Dinge sehen, die in uns selbst vorgehen. Das ist kein Hokuspokus, es gibt Erklärungsversuche und faszinierende Studien über Eye Gazing.[30]

Emotionen eine Stimme geben

In unserer Kultur ist es verpönt, Emotionen lautstark auszudrücken. Lautes Lachen, Gähnen, Stöhnen, Aufatmen, Jammern, Fluchen und Schreien ist aber natürlich und sehr integrativ und befreiend. Die Stimme hat einen großen Einfluss auf den Vagusnerv, der unser Nervensystem entspannt. Gerade Frauen nutzen ihre volle Stimmkraft nicht, und die folgenden Übungen können uns helfen, unseren natürlichen Ausdruck zu finden.

SCHREI DICH FREI

Diese Übung ist eine wunderbare Selbsterfahrung zum Lösen von alten angestauten Emotionen, aber auch um dir zwischendurch im Alltag mal Luft zu machen.

1. Probiere, lauthals in der Natur oder zu Hause in ein Kissen zu schreien, um angestauten Emotionen Raum zu geben, oder einfach nur, um unbändigen unkontrollierten Spaß zu haben.
2. Atme tief ein und schrei dann einfach los. Probiere alle Stimmlagen und alle Ausdrucksarten. Alles ist erlaubt. Wie möchtest du heute brüllen oder kreischen?
3. Spüre nach, wie hat sich das auf dich ausgewirkt? Wie ist dein Körper? Fühlst du dich lebendiger?
4. Schrei noch mehr, wenn du willst. Ich mache mindestens zwei Schreie jeden Morgen.

SUMMEN

Summen aktiviert direkt den Vagusnerv und hat somit eine regulierende Wirkung auf das Nervensystem. Es ist physiologisch betrachtet ein Singen, bei dem die Luft nicht durch den Mund, sondern durch die Nase entweicht. Du kannst summen, was auch immer du möchtest, eine Melodie oder nur einen ganz bestimmten Ton. Jede Stimmlage erzeugt in unserem Körper seine ganz eigene Art der Vibration.

1. Summe verschiedene Töne und spüre, was in deinem Körper zum Schwingen kommt.
2. Beobachte, wie sich die Vibration in der Kehle, im Kopf, im Brustraum, Becken und letztlich im ganzen Körper ausbreitet.
3. Vielleicht kannst du spüren, wie dein Beckenboden vibriert, während er sich beim Ausatmen langsam hebt und zusammenzieht. Lass ihn dazu ganz entspannt, das ist ein funktionales und hervorragendes Beckenbodentraining.

Summe, wann immer dir danach ist und ganz gezielt, wenn du dich entspannen möchtest.

Noch ein paar Worte zum Singen: Viele meinen ja, dass sie nicht singen können. Ich sage: Singe, wann immer du den Drang verspürst. Lass die Chance nicht verstreichen, dich mit deinem Körper zu verbinden und dich lauthals auszudrücken. Es ist egal, ob du die Töne triffst. Gerade wenn du denkst, dass du nicht singen kannst, solltest du singen. Singen bringt dich in den Körper. Spüre, wie die Vibrationen ihn beleben. Wenn dir nichts einfällt, was du singen könntest, nimm einfach das Mantra Om. Singe immer wieder diese eine Silbe. Mantras helfen uns, ins Fühlen zu kommen, weniger kritisch mit uns selbst zu sein und uns weniger Sorgen zu machen.[31] Nutze das Singen eines Mantras gern, um dich bewusst zu entspannen und aus dem Denken herauszukommen.

SINNLICHE PRÄSENZ

Spürst du, wie du mit all den Übungen immer mehr bei dir ankommst? Body Love ist dabei nichts, was wir nur in uns und mit uns allein erfahren. Wir sind Menschen in einer bunten Welt und nehmen über unsere Sinne die Außenwelt wahr. All das können wir in unser Body-Love-Programm mit hineinnehmen und so das Zusammenspiel von Innen und Außen verfeinern.

Den Körper verorten

Ein guter Weg, in die Präsenz zu kommen, ist es, nicht nur dich selbst von innen zu erleben, sondern dich auch in deiner Umgebung wahrzunehmen. Dich zu verorten hilft dir in Situationen, die dich emotional überfordern bis hin zu Panikattacken. Halte dann inne und schau dich in Ruhe um. Um die Übung noch intensiver zu machen, sprich laut oder innerlich das aus, was du siehst, was du spürst, welche Tageszeit es gerade ist und so weiter, bis du spürst, dass du ankommst und in deinem Körper Ruhe einkehrt.

DEINEN KÖRPER VERORTEN

1. Dort, wo du jetzt gerade bist: Schau dich um. Bewege dafür bewusst deine Augen, drehe deinen Kopf und deinen Körper. All das sind bereits beruhigende Signale der Ortung für dein Nervensystem. Aber wir gehen darüber hinaus.

2. Beobachte deine Umgebung. Bist du in einem Raum mit einem Fußboden, einer Decke und Wänden? Wie weit bist du von welcher der Flächen entfernt, und wie fühlt sich das für deinen Körper an?

3. Wie wirkt die Deckenhöhe? Gemütlich, bedrückend, zu hoch? Erfahre den Raum mit all deinen Sinnen.

4. Spüre, welchen Bezug dein Raum zur Erdoberfläche hat. Ist der Raum nahe der Erde? Oder befindet er sich höher in einem Haus? Fließt die Erdoberfläche geradezu durch den Raum (im Erdgeschoss), oder hast du eher das Gefühl, an einer Klippe zu hängen (auf einem Balkon) oder auf einem Felsen zu sitzen (im Penthouse)?

5. Erlebe von innen, was dieses bewusste Wahrnehmen deiner räumlichen Realität und deines Körpers in Bezug darauf bei dir auslöst. Es ist ein elementares Gefühl. Diese Verortung kann am Anfang etwas schwierig sein, aber sie wird dir helfen, dich in deinem Körper in der Welt zu verankern und zu verkörpern.

6. Spüre nun dich selbst ganz bewusst in deinem Raum.

7. Bewege dich mit diesem Bewusstsein durch den Raum und nimm diese Übung mit in deinen Alltag.

DICH ALS TIER ERFAHREN

Wir sind Säugetiere, wenn wir uns mit unserer tierischen Natur verbinden, erfahren wir unsere archaische Kraft und bekommen Zugang zu unseren Instinkten. Probier es aus!

1. Spüre dich als Säugetier mit seinen körperlichen Bedürfnissen und Instinkten. Beobachte, wie dieses Tier seine Umgebung wahrnimmt. Wie wirkt der Raum auf das Tier?

2. Frage dich: Welches Tier bin ich heute?

3. Das nächste Mal, wenn du in einem öffentlichen Raum bist, spüre die anderen Tiere. Ja, wirklich: Schau dir deine Mitmenschen als Tiere an. Beobachte, wie sie ihre Bedürfnisse

erfüllen. Wie sie sich bewegen, wie sie miteinander agieren, sich ausruhen, vielleicht mal einen geschützten Ort aufsuchen, auf Partnersuche oder auf Nahrungssuche sind.

4. Spüre, wie die anderen Tiere auf deinen Körper einwirken. Dein Körper nimmt unbewusst all die Signale der anderen wahr. Sind einige Tiere dominant, andere ängstlich, einige feindlich, andere anziehend? Das sind alles Dinge, die sonst unter dem Radar fliegen.

Die Kraft der Natur

Wir Menschen sind Teil der Natur. Für unser körperliches, aber auch unser emotionales Wohlbefinden ist es essenziell, dass wir uns immer wieder genau dort aufhalten. Die folgenden Betrachtungen und Übungen werden dir ein Gefühl der Sicherheit und Verbundenheit mit der Erde geben, selbst wenn du in der Stadt lebst und selten rauskommst. Sie werden dir helfen, dich als Teil der Natur wahrzunehmen, was zutiefst heilsam ist. Es ist ein Gefühl des Ankommens.

Nichts verbindet uns so schnell mit unseren Sinnen, unserem Körper und unseren Instinkten wie ein Aufenthalt in der Natur. Führe Körper, Geist und Seele daher täglich an die frische Luft! Genieße, wo du dich befindest, was du riechst, spürst und wie dein Körper den Elementen ausgesetzt ist. Mach Spaziergänge ohne Ziel und setz dich dem Wunder der Natur aus, die dich immer umgibt, wohin du auch gehst.

Ob du in der echten Wildnis lebst oder im urbanen Dschungel: Lass alles, was du wahrnimmst, deine Seele durchdringen. Tauche ein und fühle die Feuchtigkeit des Herbstabends, die schwüle Hitze des Sommers, die Trockenheit der Winterkälte. Sauge die Farben des sich immerzu verändernden Himmels auf. Lass die milde Brise oder den wilden Sturm deine Haut liebkosen und mit deinen Haaren spielen. Hör die Blätter in den Bäumen rauschen, deine Schritte im Kies. Fühle die Kraft des ewigen Verkehrsstroms auf der Straße. Atme die frische Luft tief ein und mit ihr die Gerüche, rieche den Wind, die Bäckerei, die Abgase. Genieße, dass du ein Teil von allem bist.

Du hast keine Zeit? Dann schalte deine Sinnlichkeit beim Weg zur Arbeit oder beim Einkaufen ein. Die folgenden Übungen werden dich tiefer in diese Fähigkeit bringen.

JOURNALING:
EMOTIONALES WETTER

Bei mir haben bestimmte Wettersituationen einen unmittelbaren emotionalen Effekt und rufen Erinnerungen in mir wach, genauso wie Gerüche. Ist es bei dir auch so? Welche Emotionen kommen beim Sommerregen in dir auf? Oder an einem klaren Wintermorgen? An einem nieseligen grauen Novembertag? Oder an einem heißen, staubigen Spätsommertag?

WETTER SPÜREN

1. Schau nicht raus, sondern spüre in deinen Körper hinein: Wie ist das Wetter heute? Wie nimmt dein Körper die Temperatur, die Luftfeuchtigkeit und den Luftdruck wahr?
2. Welche Emotionen sind mit diesem Wetter verknüpft? Spüre das Wetter mit deinem Organismus, als Tier und als magisches Wesen Mensch.
3. Geh nun ans offene Fenster oder nach draußen und spüre das Wetter: Was nimmst du wahr? Wie spürst du das Wetter hier mit all deinen Sinnen? Welche Gerüche liegen in der Luft?
4. Genieße dich als Teil der Natur, nimm ihre Kraft mit allen Sinnen deines Körpers auf. Besonders gut geht das an Gewittertagen.

TOPOGRAFIE UND NATUR

 BALANCE

1. Schau aus dem Fenster oder geh raus und guck dir an, wie wir Menschen unsere Zivilisation auf die Natur gebaut haben. Nimm die Topografie wahr, auf der alles angeordnet ist: Ist sie flach wie eine Steppe? Leicht hügelig? Ein langes Tal? Versuche die ursprüngliche Natur wahrzunehmen, die hier schon war, bevor der Mensch kam.

2. Nimm jetzt ihre Oberfläche als Ganzes wahr und erkunde, wie du mit deinem Körper auf dieser Fläche verortet bist und wie sich das anfühlt.

3. Erkunde, wie Straßen, Bürgersteige, Häuser und alles, was du siehst auf dieser Topografie angeordnet wurden.

4. Schau, an welchen Stellen es Brüche oder Freiräume gibt, in denen die Natur mit ihren lebendigen Organismen dennoch gedeiht. Ist es Gras oder Löwenzahn, der sich dort in einer Spalte einen Platz erobert hat? Sind es Bäume und Büsche? Sie lassen sich nicht aufhalten und wachsen immer weiter. Wenn wir die Stadt verlassen würden, würde sich die Natur alles langsam zurückerobern.

5. Nimm die Natur als durchgehenden Teppich wahr, auf dem die Stadt wie aufgenäht oder implantiert wurde. Wie fühlt sich das an?

6. Wie wirken die Lebewesen, die du wahrnimmst? Die Menschen, Vögel und Hunde: Wirken sie für dich wie Teile der Natur?

Die emotionale Seite des Sehens

Wie sehr die Augen mit unserer emotionalen Gesundheit verknüpft sind, habe ich nach einer Laseroperation zur Verbesserung meiner Kurzsichtigkeit gemerkt. Ich hatte mehr als minus neun Dioptrien und galt damit als Maulwurf. Mit der Operation wollte ich mich endlich befreien. Nachdem ich sie überstanden hatte und meine Augen verheilt waren, erfreute ich mich für einige Tage eines perfekten Adlerblicks. Doch schon bald merkte ich, dass ich nicht mehr scharf sehen konnte. Was war los? Ich fuhr zum Augenarzt, und er maß, dass ich wieder bei minus einer Dioptrie war. Er meinte, das könnte durchaus vorkommen und dass ich bei der Dicke meiner Hornhaut bedenkenlos eine Korrektur machen könnte, das wäre im Preis inbegriffen. Ich konnte das nicht verstehen, hatte er nicht gut genug gemessen oder schlecht operiert? Oder war es mein Körper, der wieder »blind« werden wollte?

Ich fragte, ob es nicht Übungen gäbe, mit denen man die Augen trainieren könnte? Da lachte der Arzt und sagte, die Augenmuskeln könnte man nicht trainieren, das wäre alles Humbug. Diese Art der Überheblichkeit kannte ich schon von den Ärzten, die gemeint hatten, ich könnte mein Hohlkreuz und meine Plattfüße nicht wieder aufrichten. Ich hatte es gekonnt. Mein Forschergeist war also geweckt. Ich verabschiedete mich schnell und bestellte mir gleich mehrere Bücher zum Augentraining. Eines interessanterweise von Aldous Huxley, dem Autor von *Schöne neue Welt*.

Was soll ich sagen? Die Bücher öffneten mir geradezu die Augen. Schon bei den ersten Seiten verfiel mein Körper in Schluchzen, und es fiel mir wie Schuppen von den Augen, dass ich die Kurzsichtigkeit entwickelt hatte, weil ich nicht sehen wollte. Die Begegnung mit meinen Augen war wie zuvor die Begegnungen mit all meinen anderen »Symptomen« zutiefst berührend und heilsam. Ich verzichtete auf die Folgeoperation und freundete mich mit meinen Augen an. Seitdem ist meine Sicht ein Indiz dafür, wie es mir geht. Wenn ich mich überlaste und nicht auf meinen Körper höre, werde ich kurzsichtig.

Die Evolution hat uns für ein Leben in der Natur mit ihrer Vielfalt und Weite optimiert. Dort ist es notwendig, den Blick weit schweifen zu lassen, den Fokus immer wieder von Nah nach Fern zu wechseln und dabei den Kopf und die Augen in alle möglichen Richtungen zu bewegen. Mit Computerarbeitsplätzen, Fernsehern und Mobilgeräten in engen Räumen und vollen Städten verkümmert diese Fähigkeit. Wenn der Blick in die Ferne schweift und dann wieder Nahes fokussiert wird, trainieren wir unsere Augenmuskeln funktional. Halten wir uns stattdessen meist in Innenräumen und zwischen Häuserschluchten auf, schauen stundenlang immer im gleichen Abstand auf Bildschirme, verliert unser Auge seine Flexibilität und wir werden kurzsichtig.[32] Das hat nicht nur zur Folge, dass wir Brillen oder andere Sehhilfen brauchen, die unseren Blickwinkel weiter einschränken, sondern es verhindert auch den ganz natürlichen Prozess, Erlebnisse und Emotionen zu verarbeiten. Sie bleiben gewissermaßen in unserem Körper stecken, was sich auch körperlich in verspannten Augen und einem verspanntem Nacken äußern kann. Über Augenbewegungen lassen sich diese Spannungen wieder lösen, Traumatherapien wie EMDR oder Wingwave machen sich diesen archaischen Prozess zunutze. Für unsere geistige und emotionale Gesundheit ist das Bewegen der Augen im vollen Spektrum unerlässlich, die wohltuende Wirkung wirst du in den folgenden Übungen selbst erfahren.

SPAZIERGANG FÜR DIE AUGEN

BALANCE

1. Geh an die frische Luft und schau dir ein schmales Objekt in etwa einem Meter Entfernung an, vielleicht einen Baumstamm oder eine Straßenlampe. Fokussiere deine Augen auf dieses Objekt, schau es dir genau an und nimm gleichzeitig peripher und unscharf das wahr, was im Hintergrund zu sehen ist.

2. Fokussiere jetzt auf den Hintergrund und schau, wie das Objekt im Vordergrund verschwimmt. Spiele mit dieser Wahrnehmung für ein paar Minuten. Spürst du, wie deine Augenmuskeln arbeiten? Du kannst diesen Teil der Übung auch im Innenraum am Fenster machen.

3. Setz dich jetzt in Bewegung und fixiere immer abwechselnd mal rechts und mal links von deinem Weg ein Objekt, während du an ihm vorbeigehst. Wie fühlt sich das an? Was passiert dabei mit deiner Wahrnehmung und mit deinem Körper? Es trainiert deine Augen und beruhigt dein Nervensystem.

4. Was bemerkst du, wenn du die Übung für die Dauer eines Spaziergangs machst? Merkst du, wie sich deine Wahrnehmung von dir im Raum und von deiner Umwelt verändert?

1.

2.

AUGENSTRETCH

BALANCE

1. Im Sitzen: Schau nach oben, leg deine Finger auf das untere Augenlid und hilf deinem Auge mit einem leichten Schieben nach oben, noch weiter nach oben zu schauen. Bleib so für sieben Atemzüge. (Bild 1)

2. Lenk deinen Blick jetzt nach unten, leg deine Finger auf das obere Augenlid und hilf deinem Auge mit einem leichten Schieben nach unten, noch weiter herabzuschauen.

3. Schau dann nach rechts, leg je einen Finger links seitlich an jedes Auge und schiebe ganz sanft nach rechts. (Bild 2)

4. Wiederhole das nach links und spüre kurz nach.

5. Leg nun beide Hände auf die Augen: Die Handflächen formen Schalen, die Finger ruhen auf der Stirn. Bleib für ein bis fünf Minuten so und spüre nach.

6. Öffne die Augen und genieße, was sich verändert hat. In der Regel werden sich deine Augen wie neugeboren fühlen, und wahrscheinlich nimmst du jetzt alles etwas schärfer wahr.

AUGENKREISEN

1. Kreise beide Augen zehn Mal sehr langsam und konzentriert in eine Richtung und dann in die andere.

2. Beobachte jeweils, ob die Augen einen schönen runden Kreis machen oder ob sie bestimmte Segmente überspringen. Spüre, ob beide Richtungen gleich sind oder ob es Unterschiede gibt.

3. Beobachte, ob sich deine Zunge und dein Kiefer mitbewegen und ob sich sonst etwas in deinem Körper regt. Von den Augen gibt es archaische Verbindungen in den gesamten Körper.

4. Leg nun beide Hände zum Entspannen auf die Augen und spüre nach.

5. Öffne die Augen und genieße die Art, wie du die Welt jetzt wahrnimmst.

FREIHEIT FÜR DIE AUGEN, AUCH AM SCHREIBTISCH

1. Wenn du am Schreibtisch sitzt: Streck dich gelegentlich und schau immer mal wieder im Raum umher, schau am besten aus dem Fenster. Fokussiere dabei auf verschiedene Dinge in der Ferne, Häuser, Bäume, Wolken. Lass deinen Blick in Ruhe schweifen, genieße diese Auszeit und spüre dabei in deinen Körper hinein und auch deine Emotionen.

2. Dann wechsle zwischen nah und fern. Mache das immer wieder. Du kannst dafür zum Beispiel Ladezeiten deines Computers nutzen. Anstatt in diesen Sekunden oder Minuten nervös zu werden und schon mal etwas anderes zu erledigen, wie die meisten es tun, lass den Blick schweifen und spüre deine Emotionen.

3. Schaust du dabei auf Natur oder Grünflächen, entspannt das dein Nervensystem zusätzlich.

4. Für einen extra Boost an Liebe, verbinde dich mit der Essenz der Bäume oder Wiesen, indem du mit dem Herzen schaust.

Den Fokus weiten

Wenn wir gestresst sind und unser Nervensystem aktiviert ist, scannen wir unsere Umgebung nach Gefahren. Das verengt unseren Fokus. Wir schauen wie durch Schießscharten auf die Welt. Wenn wir defokussieren, also etwas unscharf stellen, dafür aber unser Gesichtsfeld erweitern, entspannen wir. Unser Gesicht entspannt und weitet sich, auch der Brustkorb und das Herz.

Probiere es aus und spiele mit dem Fokus, wenn du die folgende und auch die anderen Sinnesübungen in diesem Kapitel machst. Spiele mit der Art, wie du deinen Körper wahrnimmst, auch bei den noch folgenden Ohr-Übungen: Nimmst du dich und die Geräusche eher wie mit einer Taschenlampe wahr oder eher global ganzheitlich? Was verändert sich, wenn du deinen Fokus veränderst?

BLICKWINKEL AUSDEHNEN   BALANCE

1. Während du hier auf diese Zeilen schaust, kannst du jeden einzelnen Buchstaben in den Fokus nehmen oder aber deine Augen weicher werden lassen und mehr von der Peripherie, also deiner Umgebung wahrnehmen. Schau hier weiter auf den Text und versuche immer mehr von deiner Umgebung mit in dein Bewusstsein zu nehmen. Was tut sich in deinem Körper, während du das tust?

2. Weite deine Wahrnehmung immer weiter, auch auf den Raum, den du eigentlich nicht mehr sehen kannst. Spüre den Raum um dich herum. Wie fühlt sich das an?

3. Schaue nun so defokussiert weg vom Text, in die Weite deines Raumes. Fokussiere mal auf etwas Entferntes und dann defokussiere weiter. Spiele so mit fünf verschiedenen Punkten im Raum. Was merkst du in deinen Augen, deinem Kopf, deinem Nacken, was ist mit der Spannung in deinem Körper? Merkst du, dass du eine bessere Haltung hast, wenn du defokussierst, und eine angespanntere, wenn du fokussierst?

4. Nimm die Übung mit in deinen Alltag, vor allem, wenn du draußen bist: Öffne deinen Fokus und schau, wie sich die Welt und dein Körper verändern. Merkst du, dass du allem freundlicher gesonnen bist?

Der Einfluss der Ohren auf unser Wohlbefinden

Als Hören bezeichnen wir die Wahrnehmung von Schallwellen. Wir hören nicht nur mit unseren Ohren, sondern mit unserem gesamten Körper. Dabei haben wir die Fähigkeit, aus einem Geräuschcocktail genau die Geräusche herauszufiltern, die für uns relevant sind. Zum Beispiel bei einem Gespräch in einer lauten Umgebung. Unser Hörsinn ist viel leistungsfähiger und differenzierter als unser Sehsinn, dennoch wird er oft unterschätzt. Wenn du dich ihm zuwendest, wirst du merken, wie effektiv er dein Nervensystem beeinflussen kann. Entspannende Musik und Naturgeräusche haben einen nachweislich beruhigenden Effekt auf unser autonomes Nervensystem.

STEIGERUNG DES HÖRBEWUSSTSEINS

 RELAX

1. Lausche auf alle Geräusche, die jetzt gerade passieren. Benenne jedes einzelne in dem Augenblick, in dem es in dein Bewusstsein kommt.

2. Nimm dir Zeit, bis du wirklich alle Geräusche wahrgenommen hast. Ist es nicht erstaunlich, was da auditiv alles los ist, das wir meist gar nicht bewusst wahrnehmen?

3. Wie fühlst du dich jetzt nach der Übung? Präsenter? Ruhiger?

HÖR-MEDITATION

 RELAX

Diese Meditation beruhigt und erdet im Alltag und ist wunderbar zum Einschlafen.

1. Im Sitzen oder im Liegen: Lausche auf alles, was in dein Bewusstsein kommt.
2. Beobachte die Qualität, die Geschwindigkeit, die Intensität, die Lautstärke. Ist es mehr ein Rhythmus? Wie hoch ist der Ton? Ist es eine Tonabfolge?
3. Hörst du auch Geräusche aus deinem Inneren, vielleicht aus deinem Darm?
4. Lausche weiter und spüre den Körper. Wenn er angespannt ist, lass nach und nach los.
5. Lenk deine Aufmerksamkeit jetzt auf dein Innenohr. Kannst du spüren, ob und wie sich da kleine Muskeln bewegen?

Wenn dich Geräusche oft nerven, kann das eine Traumareaktion sein. Dann können dein Ohr und dein Nervensystem die Geräusche nicht genau differenzieren und/oder interpretieren sie als Bedrohung, was zu einem erhöhten Stresslevel und der entsprechenden Aggression führen kann. Wenn du darunter leidest und mit den Übungen aus dem Buch nicht weiterkommst, hilft Traumatherapie.

Der Atem und die Emotionen

Trauma, unterdrückte Emotionen und Bewegungsmangel schränken unseren Atem ein, und das wiederum macht uns ängstlich und gestresst. Es ist ein Teufelskreis, in dem sich viele Menschen bis zum Burnout drehen. Aber dieser Zusammenhang gibt uns auch die Chance, den Kreislauf umzukehren: Wenn wir uns liebevoll und achtsam unserem Atem nähern, können wir die angestauten Emotionen in Bewegung bringen und uns nach und nach immer mehr befreien. Mit den folgenden Atemtechniken kannst du dich entspannen und dabei unterdrückte Emotionen und körperliche Einschränkungen lösen.

ATEM FALLEN LASSEN

Diese Übung hilft, deinen momentanen persönlichen Atemstil erst einmal kennenzulernen und dann das Loslassen zu lernen. Das hört sich einfach an, aber es erfordert etwas Zuwendung und Vertrauen, denn die meisten von uns haben keinen
freien Atem mehr.

1. Mach es dir im Sitzen oder Liegen bequem. Lass deinen Atem kommen und gehen, ohne
   ihn zu beeinflussen. Denke: »Es atmet mich.«
2. Spüre, wie dein Atem in dich hineinfällt und wie er wieder aus dir herausfällt. Nur das
   für fünf Minuten.
3. Während du deinen Atem so nach und nach mehr loslässt, schau, was emotional bei dir
   los ist. Wie fühlt es sich an, »den Atem einfallen und ausfallen zu lassen«?
4. Wo in deinem Körper gibt es Bewegung, wenn du atmest? Sind es die Rippen? Ist es
   der Bauch? Nimm einfach nur wahr, ohne es zu verändern.

Dein Atem führt dich immer zu dir selbst zurück.

ATEM IM GANZEN
KÖRPER SPÜREN

Mit dieser Übung schärfst du deine Konzentrationsfähigkeit und dein Körperbewusstsein. Sie ist wunderbar zum Runterfahren und zum Einschlafen. Sie funktioniert
im Stehen, Sitzen und im Liegen. Stell dir, wenn du nicht einschlafen möchtest, einen
Timer auf fünf Minuten oder mehr.

1. Spüre deinen Körper auf deiner Unterlage. Spüre, wie dein Atem in deinem Körper ein
   und aus fällt und wie er dich auf eine subtile Art bewegt.
2. Wo in deinem Körper kannst du deine Atmung zuerst spüren? Bleib an dieser Stelle für
   ein paar Atemzüge, ohne etwas ändern zu wollen.
3. Folge deinem Atem nun der Reihe nach bis in deinen gesamten Brustkorb, vorn,
   links, hinten, rechts, unter den Schlüsselbeinen an der obersten Rippe und unten im
   Becken.

4. Wenn du es zulässt und fein lauschst, wirst du merken, dass du deinen Atem im ganzen Torso und Becken, aber auch bis in die Fußspitzen und Haarwurzeln spüren kannst.

5. Genieße diese Welle und das wogende Gefühl, geatmet zu werden.

ZWERCHFELL LOCKERN MIT TÖNEN

VITALIZE

Diese Übung macht lebendig und ist perfekt, wenn du mehr Energie brauchst. Benutze sie vor wichtigen Meetings oder Auftritten, weil sie auch deine Stimme kraftvoll rausbringt.

1. Stell dich locker hin und beobachte deine Atmung. Wie fühlt sie sich an? Was sonst macht sich in deinem Körper bemerkbar?

2. Beuge leicht die Knie und federe auf und ab. Wenn du möchtest, kannst du dabei auch die Fersen von der Erde heben. Schau einfach, was sich gut anfühlt. Sobald das lockere Federn ganz gut klappt, stoppe die Bewegung.

3. Atme durch die Nase ein, öffne dann deinen Mund und atme mit einem »Aaaa« aus. Mach den Ton so laut, wie es dir angenehm ist und wie es völlig locker geht. Spüre die Vibration: Wo findet sie statt, und wie weit verbreitet sie sich in deinem Körper? Kannst du sie im ganzen Bauchraum und vielleicht bis in die letzten Spitzen deines Körpers fühlen?

4. Kombiniere jetzt beides: Federe und atme dabei locker durch die Nase ein und mit einem »Aaaa« aus. Das Zwerchfell wird so über seine ganze Form richtig gut gelockert. Es schwingt dabei bis zu zehn Zentimeter auf und ab.

5. Bleib jetzt stehen und spüre nach. Wie fühlst du dich? Wie hat sich die Übung auf deinen Atem und auf dich ausgewirkt? Wie klingt deine Stimme?

DAS NERVENSYSTEM
BEWUSST BERUHIGEN

Diese Atmung bringt dich schnell in die Entspannung. Die Übung ist daher wunderbar zum Einschlafen.

1. Es funktioniert in jeder Haltung: Wir atmen in drei Schritten ein, warten, atmen aus und entspannen dann, bis die nächste Einatmung von allein einsetzt.
2. Also los: Atme leicht in deinen Bauch ein, dann öffne deine Rippen seitlich und hinten und zuletzt bis ganz nach oben, wobei du deine Schultern und deinen Nacken aber entspannt hältst.
3. Wenn dieser Zustand für dich angenehm ist, verweile hier so lange, wie dein Körper es mag. Lass den Atem dann ausströmen und spüre dabei, wie dein Bauchnabel in Richtung Rücken sinkt.
4. Ganz ausgeatmet, mach eine Pause, bis der Atem automatisch wieder einströmt.
5. Mach so weiter für fünf Atemzüge oder länger.

NERVENSYSTEM BERUHIGEN
ON THE GO

Diese Übung kannst du machen, wenn du vor wichtigen Events aufgeregt bist. Das kontrollierte Ausatmen mit Laut dehnt das Zwerchfell langsam und tief. Der so entstehende Druck aktiviert den Beckenboden, und der Ton stimuliert den Vagusnerv, beides wunderbar, um dein Nervensystem zu beruhigen und dir mentale Kraft und Klarheit zu geben.

1. Atme normal durch die Nase ein.
2. Lass den Atem mit einem weichen »Chuuuu«-Laut langsam durch die fast geschlossenen Lippen entweichen. Atme so alle verfügbare Luft aus.
3. Lass zum Einatmen die Luft dann einfach frei nachströmen. Und erneut mit »Chuuuu« ausatmen.
4. Probiere die Übung auch mit einem »Ssss«-Laut beim Ausatmen, das aktiviert den Beckenboden ein wenig anders. Kannst du den Unterschied spüren?

SINNLICH STATT EMOTIONAL ESSEN

Genussvolles Essen ist nicht nur für unsere Selbstliebe und eine sinnliche Lebensqualität wichtig, sondern sorgt auch für unsere langfristige Gesundheit. Wenn wir unser Essen lieben und mit allen Sinnen wahrnehmen, entspannen wir uns und aktivieren das parasympathische Nervensystem. Nur so ist unser Körper überhaupt erst in der Lage, alle wichtigen Mechanismen einer guten Verdauung zu aktivieren und somit all die guten Nährstoffe aus der Nahrung aufzunehmen.

Wenn wir unser Essen unbewusst herunterschlingen, neigen wir dazu, uns zu überessen. Wenn du nach dem Essen müde bist, ist das ein Hinweis, dass du zu viel hattest oder etwas nicht gut verträgst. Überessen wir uns, ist das Verdauungssystem mit der Menge überfordert und kann sie nicht gut verdauen. Die Folgen sind Energiemangel, Abgeschlagenheit und Stress. Was für Unzufriedenheit und Hunger sorgt. Mit den folgenden Übungen, kann jede Mahlzeit zu einer Ruheoase im Alltag werden.

SINNLICHES ESSEN

Mit den folgenden Tipps bringst du mit jeder Mahlzeit mehr Genuss und Entspannung in dein Leben:

1. Sobald du am Tisch sitzt, nimm erst mal fünf tiefe Atemzüge in Vorfreude auf dein Essen. Das wirkt über den Vagusnerv sofort beruhigend und verdauungsfördernd.

2. Nimm dein Essen mit allen Sinnen wahr.

3. Kaue dein Essen genüsslich und gründlich zu einer feinen Smoothie-Konsistenz, nur so kannst du alle Nährstoffe aufnehmen. Diese gute Vorverdauung entlastet zudem dein Verdauungssystem, und du hast nach dem Essen mehr Energie.

4. Sprich beim Essen nicht über spannende Themen. Das ist eines der schwersten Dinge für mich, aber ich merke sofort, wie die Aufregung, auch wenn es Vorfreude ist, meinen Körper in den Aktivmodus bringt und mich komplett vom Essen ablenkt. Lass es entspannt angehen, beim Sex diskutieren wir ja auch nicht die Weltpolitik. ;-)
5. Spüre immer mal wieder nach, ob dein Körper entspannt ist und ob er immer noch hungrig ist.
6. Frage dich immer wieder, ob du das Essen noch genießt. Essen soll großen Spaß machen, und du musst den Teller nicht leer essen. Das hilft weder dir, weil du bei einem Zuviel an Essen nicht gut verdauen kannst, noch stoppt dein Zuvielessen den Welthunger.
7. Iss, worauf dein Körper Lust hat. Dein Körper weiß instinktiv, was er braucht. Je mehr du auf ihn hörst, desto feiner kannst du unterscheiden, was er wirklich braucht und wann er die Schokotorte nur will, um Stress abzubauen oder vor schwierigen Emotionen zu flüchten. Dann kannst du entsprechend entscheiden, was du tust.
8. Wenn du dich entscheidest, die Schokotorte zu nehmen, genieße sie. Schuldgefühle beim Essen sorgen dafür, dass dein Körper gestresst ist. Das hemmt die Verdauung und den Fettstoffwechsel.
9. Iss ohne Ablenkung von irgendwelchen Medien. Wenn du merkst, dass dir das zu langweilig ist, ist es ein Signal, dass du keine Lust hast, mit dir selbst zu sein. Ein weiterer Punkt könnte sein, dass du nicht um des Essens willen isst, sondern um dir eine emotionale Auszeit zu gönnen oder deine Gefühle abzudämpfen. Du möchtest dich oder die unterschwelligen Gefühle nicht spüren.

Emotionales Essen

Was, wenn du beim sinnlichen Essen merkst, dass deine Beziehung zum Essen gar nicht so entspannt ist? Viele Menschen greifen zum Essen, um sich abzulenken oder eine innere Leere zu füllen. Sie essen Dinge, die ihnen nicht guttun, oder mehr, als sie wirklich brauchen. Wenn sie körperlich gesund und schlank bleiben, fällt das gar nicht auf. Nur wenn ihr Gewicht anfängt, von der Norm abzuweichen, sie eine Essstörung oder einen Fitnesswahn entwickeln, wird der Zusammenhang offenbar.

Emotionales Essen ist wie alle anderen Übersprungshandlungen oder Süchte eine Flucht vor uns selbst. Auf unserer Reise zur Selbstliebe ist es eine Chance auf mehr Begegnung und Kontakt zu uns selbst. Als ich mir über die Jahre meines Körpers immer bewusster wurde, ist mir aufgefallen, dass ich beim Essen wie auf der Flucht war. Ich hatte den Drang, alles möglichst schnell aufzuessen. Bereits vor der Mahlzeit hatte ich Angst, den Teller nicht zu schaffen, wenn ich zu langsam essen würde. Ich merkte, dass meine Bauchwand und die Organe sehr angespannt waren. Als ich mir dann immer mehr Zeit zum Spüren meines Körpers nahm, habe ich gemerkt, dass ich gar nicht wissen wollte, wie mein Schluckvorgang funktioniert. Bereits die Vorstellung erfüllte mich mit einer unbestimmten Panik.

Das Spannende ist: Das alles lief unter meinem Radar. Bewusst dachte ich, dass ich ein richtiger Genussmensch bin. Ich liebte gutes Essen und Weine und investierte in beides viel Zeit und Geld. Dass ich diese inneren Spannungen hatte, war mir nicht klar. So bin ich nach und nach all diesen Empfindungen und Emotionen auf den Grund gegangen und habe eine Menge versteckter Seiten in meinem Inneren entdeckt.

Essen ist für uns alle emotional. Von klein auf werden viele Emotionen und Bedingungen ans Essen geknüpft. Wir wurden vielleicht (wie ich) nicht bei Hunger, sondern nach der Uhr gefüttert, bekamen nicht das, was wir brauchten, mussten unter Tränen den Teller leer essen oder wurden mit Schokolade getröstet und so konditioniert. Darüber hinaus bietet Essen schon rein biologisch Trost, weil es unser parasympathisches System aktiviert. So nutzen es viele als Beruhigungsmittel oder als Ablenkung von schwierigen Emotionen. Essen ist eine beliebte Wahl, wenn wir uns unruhig, leer oder ausgelaugt fühlen.

Wenn du magst, lass dich auf die spannende Reise ein, dich übers Essen tiefer kennenzulernen. Tue es nur, wenn du wirklich neugierig bist. Es soll keine weitere Pflichtaufgabe sein. Davon gibt es in Bezug aufs Essen bereits mehr als genug. Es ist eine Reise mit Höhen und Tiefen, die folgenden Anregungen zeigen dir den Weg.

EMOTIONALES ESSEN

 RELAX

Bevor du das nächste Mal zu einem Snack greifst, halte einen Augenblick inne.

1. Frage dich: Wie geht es mir gerade? Welche Emotion ist präsent? Bin ich hungrig?
2. Jetzt hast du dir innerlich etwas Raum geschaffen. Dann kannst du natürlich genau das machen, was du dir vorgenommen hast, und essen.
3. Wenn du einen Schritt weitergehen möchtest, erforsche die Emotion. Es wird wahrscheinlich keine angenehme Emotion sein, sonst würdest du sie nicht loswerden wollen. Du kannst ihr mit den Body-Love-Tools wie der Übung »Emotionale Freiheit« begegnen oder mit dem Körper-ABC Fragen stellen.
4. Es kann sein, dass du emotionales Essen auch machst, um Hochgefühle abzufangen. Auch ein Zuviel an positiver Energie kann für ein enges Nervenkostüm bedrohlich erscheinen. Essen lenkt ab, dämpft ab und bringt dich in deine emotionale Komfortzone.
5. Die Ausweitung deiner emotionalen Komfortzone, die im Kapitel »Emotionen und ihre energetische Ladung« beschrieben ist, wird dir helfen, mehr Glücksgefühle bis hin zu Euphorie und Ekstase zuzulassen.

SINNLICHES ESSEN
LEVEL ZWEI

 RELAX

1. Bevor du zu essen beginnst, frag dich: Wie geht es mir? Welches Gefühl ist gerade anwesend?
2. Wie sitzt du? Wie fühlen sich dein Bauch und deine Organe an?
3. Wie ist deine Atmung?
4. Wie hungrig bist du? Und wo spürst du deinen Hunger?
5. Wie manövrierst du das Essen zu deinem Mund?
6. Wie groß sind die Bissen, die du dir in den Mund steckst?
7. Wie genau kommt das Essen in deinen Mund?
8. Wie kaust du? Mit beiden Seiten gleich oder mehr mit einer?
9. Wie bewegst du das Essen beim Kauen im Mund?
10. Wie genau läuft dein Schluckvorgang ab?
11. Schluckst du erst alles herunter, bevor du nachlegst?

12. Welche Gefühle hast du jetzt dem Essen gegenüber?

13. Kannst du aufhören, wenn du satt bist? Oder hast du einen Zwang, den Teller leer zu essen?

Ein Spaziergang nach dem Essen kurbelt die Verdauung an. Gerade in der kalten Jahreszeit wird dir diese Gewohnheit helfen, dich öfter mit deinem Körper und der Natur zu verbinden. Ein Schläfchen oder das Liegen in der Horizontalen verlangsamt zwar die Verdauung, aber ein Mittagsschlaf von zehn bis dreißig Minuten ist gesund und kann dich im vielleicht stressigen Alltag wieder zurück zu dir bringen. Schau, was dir guttut.

ERHOLSAMER SCHLAF

Wie wir als Gesellschaft mit Schlaf umgehen, ist bezeichnend dafür, dass wir unserem Körper und seiner Weisheit nicht trauen. Wir objektifizieren und manipulieren, dabei nehmen Entfremdung und eine negative Einstellung zu unserem Körper immer mehr zu. Wir wollen optimal schlafen, um am nächsten Tag produktiv zu sein, aber der Körper stellt sich quer. Wir sind erschöpft, aber er kommt nachts einfach nicht runter.

Was geht da vor sich? Neueste Schlafforschungen zeigen, dass wir uns mit dem ganzen Stress, den wir um das optimale Schlafen herum aufbauen, selbst vom Schlafen abhalten. Menschen, die keine Schlafprobleme haben, legen sich abends einfach ins Bett, machen die Augen zu und schlafen. Sie haben in der Regel keine Einschlafrituale und messen ihren Schlaf nicht mit Apps.

»Wir wissen noch nicht wirklich, was Schlaf ist«, sagt Professorin Colleen Carney vom Sleep and Depression Laboratory an der Ryerson University in Toronto. »Heutige Schlafforschung betrachtet Schlaf eher als eine Idee, die sich verändert, je nachdem, wie man ihn misst. Ist es die Fitbit, die sagt, dass du schläfst, oder ist es eine gelebte Erfahrung? Zum Beispiel berichten Menschen mit chronischen Schmerzen, wach zu sein, wenn ihre Gehirnwellen im Schlaflabor vom EEG als schlafend verzeichnet werden.«[33]

Im Schlaf schüttet unser Körper Wachstumshormone aus, die für die Regeneration und Vitalität unserer Muskeln, Gewebe und Knochen wichtig sind.

Sie unterstützen auch das Immunsystem und kurbeln den Fettabbau an. Unser Gehirn führt dann Wartungsarbeiten aus, verarbeitet Erfahrungen und Informationen, wertet diese aus, sortiert und wirft Unwichtiges weg. Das Gehirn hat sein eigenes Lymphsystem, das glymphatische System, das vor allem nachts damit beschäftigt ist, die Nervenzellen mit T-Zellen des Immunsystems zu versorgen und Abfallstoffe, wie potenziell gefährliche Proteine und Zellfragmente, die über den Tag anfallen, abzutransportieren. Wird dieser Vorgang gestört, werden wir anfälliger für degenerative Krankheiten wie Alzheimer und Parkinson.

Wenn wir zu wenig schlafen, gerät unser ganzer Organismus aus dem Gleichgewicht und bringt uns in einen Teufelskreis der Überaktivierung, aus dem wir nur schwer wieder herauskommen. Je unausgeschlafener wir sind, desto schwerer ist es für uns, uns in unserem Körper wohlzufühlen, ihm zu vertrauen und auf seine Signale zu hören. Wir sind von unserem Körper enttäuscht, er hat nicht genug Energie, wir können nicht so klar denken. Er macht uns das Leben zur Qual, und alles scheint schwer. Um den Tag und seine Anforderungen zu meistern, putschen wir uns dann mit Koffein auf und untergraben so die Bedürfnisse unseres Körpers nach Ruhe. Wir gehen über seine Energiereserven hinweg und versetzen ihn so in noch mehr Stress. Dann ist abends das Abschalten umso schwieriger, und der Teufelskreis setzt sich fort. Doch das muss nicht sein, mit Body Love kommst du endlich zur Ruhe und in deine Kraft.

Schlaf verstehen

Beim Schlafen durchlaufen wir verschiedene Schlafmuster mit jeweils charakteristischen Gehirnaktivitäten.

Phase eins ist ganz leicht, wir haben dann meist den Eindruck, dass wir noch wach sind, und bekommen noch mit, was in unserer Umgebung passiert. Wir können zum Beispiel auf Sprache reagieren, auch wenn wir nicht mehr ganz »klar bei Verstand« sind.

In Phase zwei verbringen wir im Schlaf die meiste Zeit. Uns ist weniger bewusst, was um uns herum vorgeht, aber wenn wir zum Beispiel unseren Namen oder etwas Alarmierendes hören, wachen wir sofort auf. Auf dem EEG kann man sogar sehen, wie das Gehirn auf die Außenwelt reagiert, auch wenn wir gar nicht aufwachen.

Phase drei ist der Tiefschlaf, manchmal Delta-Wellen-Schlaf genannt. Das ist der tiefste Schlaf, in dem der Körper Wachstumshormone produziert und Reparaturprozesse vor sich gehen. Hier verbringen wir 20 Prozent unserer Schlafzeit, er passiert vor allem in der ersten Hälfte unserer Schlafperiode. Deswegen ist diese so wichtig.

Phase vier ist der REM-Schlaf, in dem wir träumen. Sie wird meist von Momenten in Leichtschlafphasen eins und zwei unterbrochen, deswegen wissen wir zwischendurch, dass wir träumen. Dieser Schlaf zwischen den REM-Phasen ist leicht, aber erholsam. Dein Körper hat alles im Griff. Wenn du nachts also denkst, du wärst die ganze Zeit wach, entspann dich. Du bist wahrscheinlich in so einer Leichtschlafphase. Vertrau deinem Körper, das ist ganz natürlich.

Dein optimaler Schlaf

Wann ist es für dich Zeit zu schlafen? Hier haben wir zwei interne biologische Mechanismen. Da ist zum einen der natürliche Schlafdrang. Je länger wir wach sind, desto mehr steigt unser Schlafbedürfnis an. Außerdem gibt es den circadianen Rhythmus, unsere innere Uhr, die Regelmäßigkeit liebt. Weil wir die meist nicht so ernst nehmen, entstehen viele unserer Schlafprobleme, denn unsere innere Uhr versucht immer, sich der Umwelt anzupassen. Was unserem Körper zu einem balancierten circadianen Rhythmus hilft, sind unter anderem regelmäßige Essenszeiten und der häufige Aufenthalt im Freien (gerade morgens und vormittags). Das gibt dem Körper die Chance, die aktuelle Lichtsituation zu erleben und sich an ihr auszuloten.

Die größte Sorge, die wir im Zusammenhang mit Schlaf haben, ist, dass wir nicht genug davon bekommen. Die fürs Wohlbefinden nötige Schlafmenge ist von Mensch zu Mensch und je nach Lebenssituation und Alter individuell. Sie variiert in der Regel zwischen sechs und neun Stunden. Du schläfst genug, wenn du dich gut fühlst. Wenn du Mittagsschlaf machst, wirst du nachts weniger Schlaf benötigen. Genug Schlaf zu bekommen ist wichtig, aber wenn wir uns die ganze Zeit damit beschäftigen, hoffentlich genug Schlaf zu bekommen, kann das laut Dr. Carney zu Schlafproblemen führen.

Wo kommen die berühmten acht Stunden Schlaf denn her? In Zeiten der Industrialisierung haben die Fabrikinhaber versucht, so viel Nutzen aus ihren Arbeitern herauszubekommen wie nur irgend möglich. Die übliche Arbeitswoche der Manufakturarbeiter war einhundert Stunden, das sind mehr als vierzehn Stunden täglich, wenn man jeden einzelnen Tag der Woche arbeitet. Gewerkschaften haben dann nach und nach die in den meisten Berufen heute übliche Zeit von acht Stunden Arbeit, acht Stunden Schlaf und acht Stunden für die persönliche Gestaltung erkämpft.[34] Seither sind acht Stunden Schlaf wie in Stein gemeißelt. Doch vor der Industrialisierung war der Schlaf der meisten Menschen phasisch, man schlief bei Einbruch der Dunkelheit ein und wachte dann noch mal für ein paar Stunden auf, bevor man wieder einschlief.[35]

Es ist also ganz normal, in der Nacht aufzuwachen, das entspricht unserem Biorhythmus. Früher, als wir noch nicht in sicheren Häusern und weichen Betten schliefen, hätte es alle in Gefahr gebracht, wenn der ganze Stamm acht Stunden lang in einem komaähnlichen Zustand verbracht hätte. Die Menschen haben deswegen individuelle Schlafrhythmen und Bedürfnisse entwickelt und wurden zu unterschiedlichen Zeiten immer wieder wach, um zu wachen, nach dem Feuer oder den Tieren zu sehen und natürlich auch um Sex zu haben. Es ist also wichtig, dass wir eventuelle Wachphasen als ganz natürliche Bestandteile unseres Schlafes wahrnehmen. Schlafforscher sagen, dass die Sorge um einen möglichen Schlafmangel eine der größten Ursachen für Schlafstörungen ist.

Lerne, deinem Körper zu vertrauen. Selbst wenn du nachts mehrere Stunden wach liegst, ist das nicht schlimm. Du kannst in der Zeit zum Beispiel deine Träume aufschreiben, Tagebuch führen, die Body-Love-Übungen machen oder ein Buch lesen. Nutze ein Kindle oder Bücher und nicht dein Handy oder Tablet, denn sobald du im Internet oder auf Social Media landest, ist die Gefahr groß, dass du dich in ein Wurmloch verlierst und gar keinen Schlaf mehr findest. Ich selbst habe manchmal Phasen, in denen ich nachts lese, mich mit meiner inneren Welt beschäftige und Theorien oder Übungen entwickle. Dann habe ich wieder Zeiten, in denen ich durchschlafe. Das hängt damit zusammen, was in meinem Leben vor sich geht und an welchem Ort wir leben.

Schlaflosigkeit ist ein Teufelskreis, der zu einem wahren Strudel werden kann. 80 Prozent aller Angestellten in Deutschland haben Schlafstörungen.[36] Wenn wir nur eine Nacht schlecht schlafen, kann unser Körper das in der nächsten Nacht wieder wettmachen, indem er eine längere Zeit im Tiefschlaf verbringt. Wenn wir aber in der folgenden Nacht auch nicht schlafen können, fangen wir vielleicht an, uns Sorgen zu machen. Vielleicht versuchen wir tagsüber zu schlafen oder länger im Bett zu bleiben, sind weniger aktiv und bringen so unser System durcheinander. Das verhindert wiederum den tiefen Schlaf, was über längere Zeit zu weniger Schlafdrang führt. Es wird also immer schwerer, nachts einzuschlafen. Je länger wir genervt und gestresst im Bett liegen, desto mehr konditionieren wir unser Gehirn, das Bett mit Stress zu assoziieren.

Der Fluch der Schlaf-Tracker

Schlafforscher haben herausgefunden, dass Fitbits und andere Geräte, die die Schlafqualität messen, zu Schlaflosigkeit führen können. Das läuft in der Regel so ab: Wenn wir uns nach einer Nacht gut ausgeruht und wach fühlen, gehen wir sorglos in den Tag und schlafen abends ein, wenn wir natürlicherweise müde werden. Zeigt die Fitbit aber an, dass wir uns nachts ungewöhnlich viel bewegt haben, werden wir unsere Schlafqualität infrage stellen. Und vielleicht noch wichtiger: Wir werden unser eigenes Urteil über unsere Schlafqualität anzweifeln. Wir vertrauen der störanfälligen Technik, die nur ganz wenige spezifische Werte misst[37] (es ist ja kein hoch spezialisiertes Schlaflabor, und selbst diese können nicht alles messen), mehr als unserem komplexen Wahrnehmungsapparat, der uns nicht nur meldet, wie es uns geht, sondern auch automatisch unser Nervensystem und unseren inneren Rhythmus reguliert. So gerät unser Verhältnis zu unserem Körper aus der Balance, und wir kommen in einen Teufelskreis von Schlaflosigkeit und unserem Kampf dagegen. Schlafforscher raten davon ab, diese Geräte zu benutzen.[38]

Abendroutine – ja oder nein?

Viele Schlafforscher raten von der sogenannten Schlafhygiene ab. Sie empfehlen, sich nicht von Tees und Ritualen abhängig zu machen. Die einzige Schlafhygiene, die ich pflege, ist:

- wirklich schlafen gehen, wenn ich müde bin.
- so viel oder wenig schlafen, wie mein Körper möchte.
- keine Geräte mit Internetzugang am Bett.
- das Schlafzimmer abdunkeln.

Zum Einschlafen: Bauchmassage oder andere Body-Love-Übungen im Bett.

Wenn viel los ist und ich mein Nervensystem vor dem Schlafen beruhigen möchte, damit ich mich wirklich erholen kann, dann:

- nehme ich ein Magnesiumbad mit Lavendel bei Kerzenlicht (siehe Kapitel »Alltags-Body-Love«)
- lege ich eine Wärmflasche auf meine Leber.

Wenn du krank bist:
Der Körper hilft uns zu heilen

Was tun, wenn der Körper uns »im Stich lässt«? Wenn wir krank werden? Was machen wir bei chronischen Krankheiten, die nicht heilen wollen? Wie sollen wir unseren Körper lieben, wenn er es uns so schwer macht?

Ich werde dir hier nicht erzählen, dass alles psychosomatisch ist und dass du alles mit einem Buch heilen kannst. Aber ich möchte dir Mut machen, Krankheit als Weg zu einer tieferen Beziehung mit deinem Körper zu nutzen. Dein Körper möchte grundsätzlich immer heilen. In Zeiten der Verzweiflung kann es hilfreich sein, sich das immer wieder vor Augen zu führen. Er hat Selbstheilungskräfte, die sich in einem entspannten Zustand so richtig entfalten können. Aber oft bringt uns gerade die ausweglos erscheinende Krankheit oder das chronische Symptom, vielleicht in Kombination mit der Tatsache, dass gute Ärzte und Behandlungsmethoden nicht zur Verfügung stehen, in großen emotionalen Stress, der dem Körper beim Heilen nicht hilft. Die folgenden Tipps können dich unterstützen.

GIB DEINEM KÖRPER
RAUM ZUM HEILEN

1. Nimm dir jetzt Zeit für die Übungen, die mit »relax« gekennzeichnet sind. Sie regulieren dein Nervensystem herab und geben deinem Körper die Ruhe und Energie, die er zum Heilen braucht.

2. Probiere den Satz für dich: »Mein Körper möchte heilen.« Oder, mein Favorit: »Mein Körper möchte mir helfen zu heilen.«

3. Tritt mit deinem Körper in den Dialog und frage ihn, ob er eine Botschaft für dich hat und was er braucht. »Ich liebe dich. Zeig mir, was du brauchst.« So kann ein tieferer Austausch entstehen. Benutze das Körper-ABC, um zu lauschen.

4. Oder du fragst: »Was ist hier los, das ich noch nicht sehen kann? Bitte hilf mir zu verstehen.«

5. Setz dich direkt auch gezielt mit deinem Symptom oder kranken Körperteil in Verbindung und stell ihm Fragen, gib ihm Raum, sich ganz zu zeigen oder auszudrücken.

6. Was auch immer du tust, um gesund zu werden: Priorisiere die Intimität mit deinem Körper. Wann, wenn nicht jetzt, ist die Zeit, die wichtigste Beziehung deines Lebens zu vertiefen?

7. Du bist nicht allein, hol dir Unterstützung, vertrau dich Freunden an, Therapeuten/Therapeutinnen oder Onlinegruppen. Wir sind soziale Wesen und brauchen andere, um gesund zu sein.

Gute Besserung!

GIB DEINEM KÖRPER
RAUM ZUM HEILEN

SELBSTLIEBE IM SINNLICHEN ALLTAG

In unserer Innenwelt schaffen wir mit Body Love einen sicheren, heilsamen Raum. Wir lernen uns selbst zutiefst kennen und vertrauen. So werden wir in der Außenwelt wirksam, indem wir uns ausdrücken und zeigen. Die Tools aus unserer Innenwelt geben uns die Vision und das Selbstvertrauen, sie auch in der Welt umzusetzen, und Erfolgserlebnisse in der Außenwelt verändern dann wieder unsere Innenwelt. Der positive Feedback-Loop zwischen beiden Sphären ist ein ständiger Tanz mit Höhen und Tiefen, der zur vollen Selbstentfaltung führt.

Ich liebe es, Frauen Übungen für den Alltag mitzugeben. So bleiben sie die ganze Zeit mit sich verbunden und haben Zugang zu ihrem vollen Potenzial. Schritt für Schritt lernen sie jeden Tag mehr über sich und ihren wunderbaren Körper. Sie können ihren Emotionen im Alltag begegnen und das Leben mehr genießen.

Alltägliche Handlungen eignen sich wunderbar als Anker zum Üben der sinnlichen Wahrnehmung und der Selbstliebe. Damit machen wir uns den positiven Effekt von Mini-Gewohnheiten zunutze, und unser Leben wird auf allen Ebenen intensiver und sinnlicher. Schau nur, dass du die Alltagsübungen aus diesem Kapitel nicht als »Flucht vor dem Nichtstun« benutzt und eine niemals enden wollende To-do-Liste daraus machst. Lass dir genug Zeit fürs reine Nichtstun.

Wann war der letzte Moment, wo du einfach nur so da warst? Ich meine nicht, wo du meditiert hast, im Wald spazieren warst oder mit jemandem gekuschelt hast, sondern wo du einfach nur so da warst. Du, und nur du selbst. Diese Augenblicke sind so selten.

Probier es mal aus, rein gar nichts zu tun und einfache Alltagsaktivitäten auch einfach zu belassen. Du kannst gern achtsam sein oder aber die Gedanken einfach schweifen lassen. Diese Zustände, in denen wir ganz in Gedanken auf Autopilot agieren, sind ganz normal und wichtig für unsere mentale Gesundheit und Kreativität.[39]

Die Sucht, vor uns selbst zu fliehen

Alle Arten der Sucht, also eines Verhaltens, über das wir keine Kontrolle haben, egal ob es emotionales Essen, ständiges Checken von Social Media, Nachrichten, Serien oder Rauschmittel sind, ist eine Flucht vor uns selbst. Wenn wir eine Spannung spüren, die wir unangenehm oder unaushaltbar finden, suchen wir nach Ablenkung und Trost.

Mal Urlaub von dir selbst zu brauchen ist nichts Schlimmes, selbst stundenlanges Abtauchen in Bücher, Serien, YouTube oder Spiele kann ein schönes Erlebnis sein. Aber wenn du diese Sachen benutzt, um systematisch vor dir selbst wegzulaufen, wirst du dir selbst nie richtig begegnen.

Ein Fluchtmittel, das wir alle ständig zur Hand haben, ist das Smartphone, deswegen schlage ich dir folgende Übung als Experiment vor. Schau, ob du etwas über dich selbst lernen kannst.

FLUCHT-TRIGGER

Wenn du das nächste Mal zum Handy greifen willst, halte inne und beobachte, aus welchem Impuls heraus es geschieht:

1. Was geht in dir vor, wenn das Bedürfnis entsteht? Frag dich: Wie geht es mir gerade? Welche Gefühle habe ich?

2. Werde nun präzise: Wo genau spürst du was in deinem Körper? Nimm dir Zeit, zu lauschen und zu erleben. Mit großer Wahrscheinlichkeit hast du gerade ein vages mild unangenehmes Gefühl, dem du entfliehen möchtest.

3. Mach es strategisch: Nimm dir einen Tag vor, an dem du jeden versuchten oder wirklichen Griff zum Handy notierst. Schreib auf, wie du dich jeweils fühlst. Schreib es am besten direkt in dein Handy (zum Beispiel in die Notiz-App) oder nimm ein Tagebuch.

4. Nach dem Aufschreiben kannst du natürlich zum Handy greifen und genau das tun, was du tun wolltest, wenn du dann noch willst. An diesem Tag geht es nur darum, dir bewusst zu werden, was bei dir oft so unbemerkt abläuft.

5. Es kann sein, dass schon allein die Bewusstmachung viel von der Kraft des Triggers wegnimmt. Es kann sein, dass das Handy schon etwas von seiner Macht über dich ver-

liert. Aber es kann auch sein, dass du dich wie vor einem Riesenberg an zuvor unbewussten Konflikten findest. Was auch immer es ist, du bist auf dem richtigen Weg. Es ist dein Weg zu dir selbst. Jede Begegnung mit dir selbst ist eine wichtige Begegnung. Bleib neugierig. Bleib bei dir.

6. Wichtig: Versuche nicht, dein Bedürfnis nach der Handlung einfach nur zu unterdrücken. Das beraubt dich der Möglichkeit zu sehen, was unter der Oberfläche tatsächlich los ist.

Diese Übung ist natürlich nur ein Angebot, kein Regelwerk. Du kannst sie auch ignorieren. Es ist dein Leben, und du bist die Expertin für dich.

Wie Social Media deiner zarten Selbstliebe im Weg steht

Keine Angst: Du musst nicht auf Social Media verzichten, um dich zu lieben. Die wunderbaren Kontakte und Freundschaften, die dort entstehen, der lebendige Austausch in Echtzeit und über Kontinente hinweg, das macht Social Media so kraftvoll und berührend. Ohne YouTube und die wunderbaren Frauen, die mich mit ihrem berührenden Feedback motiviert haben, wäre dieses Buch jetzt nicht in deinen Händen. Es ist ein mächtiges Werkzeug, aber es hat seine Kehrseite. Zahlreiche Studien zeigen einen direkten Zusammenhang zwischen der Nutzung sozialer Medien mit einem erhöhten Risiko für Depressionen, geringem Selbstwertgefühl, Einsamkeit und Angststörungen.

Wir Menschen haben ein zwanghaftes biologisches Bedürfnis, uns im Vergleich mit anderen zu bewerten. Auf Social Media haben wir die Möglichkeit, uns mit den besten und schönsten Menschen der Welt zu vergleichen. Wir sehen ihre tatsächliche Lebensrealität nicht, und es ist einfach, sich vorzustellen, dass es einfach alle besser haben als wir.

Sich das Vergleichen zu verbieten ist fruchtlos, denn es ist in unserer Natur angelegt. Das Einzige, was wir tun können, ist, es zu bemerken und uns klarzumachen, dass unsere Gedanken über die anderen nicht die Realität abbilden, sondern nur unsere Ideen von der Realität. Das ist der Weg aus dem Vergleichskarussell. Je mehr du mit Body Love übst, desto besser wirst du darin werden, all die Vorgänge in dir zu bemerken und dich selbst abzufangen, bevor du unbewusst und hilflos in eine Abwärtsspirale gleitest.

Wenn du dich direkt beim Vergleich erwischst, kannst du schauen, wer in dir sich vergleicht und was da gedacht wird. Wenn du dich nicht erwischst, wirst du es erst merken, wenn du dich bereits schlecht fühlst, dann kannst du es zurückverfolgen, dir selbst erklären, was passiert ist, und aussteigen.

Soziale Medien und die dazugehörigen Technologien entfremden uns von unserem Körper und von einer vitalen Verbindung mit anderen menschlichen Wesen. Wenn wir auf einen Computerscreen schauen und mit den Inhalten dort interagieren, sind wir meist nicht in unserem Körper. Wenn wir das über längere Zeiträume machen, entfernen wir uns immer weiter von ihm, ohne es zu merken. Unser Sichtfeld ist beschränkt, unsere Haltung ist monoton, die Sinnesreize sind fast nur aufs Sehen und Hören beschränkt.

Genauso wie tägliches Üben von Body Love verändert auch Social Media unser Gehirn durch Neuroplastizität. Untersuchungen zeigen, dass das Wiederholen von Dingen über einen längeren Zeitraum physiologische Veränderungen im Gehirn verursachen kann. Durch einen Prozess namens Variable-Ratio Reinforcement werden wir mit Serotonin belohnt, sobald wir frische neue Posts sehen. Wir schauen also immer wieder nach, ob es etwas Neues gibt, und das führt mit der Zeit zu einer kürzeren Aufmerksamkeitsspanne. Wir verlieren die Fähigkeit, uns länger bewusst auf etwas zu fokussieren. Das führt nicht nur zu einer schlechteren kognitiven Leistung, sondern schrumpft auch Teile des Gehirns, die mit der Aufrechterhaltung der Aufmerksamkeit verbunden sind.[40]

Diese Serotoninausschüttung macht uns körperlich süchtig, indem sie das Gehirn programmiert, mehr vom Glückshormon zu wollen. Gehirnscans von Social-Media-Intensiv-Nutzern ähneln denen von Drogen- oder Glücksspielsüchtigen.[41]

Die Forschung zeigt auch, dass eine starke Nutzung sozialer Medien mit Gedächtnisdefiziten verbunden ist, insbesondere im transaktiven Gedächtnis, wo wir entscheiden, welche Informationen wichtig genug sind, um in unserem Gehirn gespeichert zu werden, und welche Informationen ausgelagert werden können. Menschen, die Lebenssituationen oft auf Social Media teilen, können sich später nicht so gut an das Geschehene erinnern.[42]

Du siehst, dich selbst vor zu viel Social Media zu schützen ist ein Akt der Selbstliebe, denn nicht nur die Nähe zu deinem Körper im Hier und Jetzt, auch dein Gehirn steht auf dem Spiel.

SEI DEINE EIGENE SEKRETÄRIN

Ich teile hier mit dir meine persönlichen Smartphone-Regeln. Nimm, was dich anspricht, in dein Leben auf oder lass dich inspirieren und mach deine eigenen Regeln. Sie sollen kein Gefängnis sein, sondern ein Akt der Selbstliebe. Du bist damit deine eigene Assistentin, die dich vor Ablenkungen und Belästigungen schützt.

1. Alle Benachrichtigungstöne sind ausgeschaltet, mein Handy macht keine Geräusche, es sei denn, jemand ruft an oder ich selbst setze mir einen Termin.
2. Ich gehe nur ans Telefon, wenn ich die Nummer kenne und auch wirklich mit der Person sprechen möchte.
3. Mein Handy verbringt viel Zeit im Flugmodus, vor allem abends, nachts, wenn ich arbeite, mich mit Freunden treffe oder in der Natur bin.
4. Wenn ich ins Bett gehe, bleiben Handy, iPad & Co. im Wohnzimmer, nur das Kindle darf im Flugmodus am Bett bleiben. Wenn ich nachts mit einem Geistesblitz aufwache und unbedingt etwas am Smartphone machen möchte, tue ich das im Wohnzimmer und gehe dann wieder ins Bett.
5. Ich bekomme keine visuellen Benachrichtigungen über Messenger-Apps oder Social Media. Um zu sehen, was es Neues gibt, muss ich jede App bewusst öffnen.
6. Meine Assistentin checkt mein Social Media jeden Tag, sodass ich nicht das Gefühl

habe, ich müsste »nach dem Rechten sehen«. Manchmal geht etwas unter, aber das ist okay.

7. Ich beantworte E-Mails in der Regel einmal am Tag, den Rest der Zeit bleibt die App zu.

8. Meine E-Mail-Adresse haben nur Menschen, denen ich sie persönlich gegeben habe.

9. Ich schiebe alle bearbeiteten E-Mails ins Archiv und habe so immer eine leere Inbox.

DIE UNERTRÄGLICHE LEICHTIGKEIT DES SEINS

Probier mal folgende Regeln für einen Tag oder eine Woche aus:

1. Keine Medien beim Essen. Alles andere ist erlaubt – grübeln, genießen, Emotionen spüren.

2. Wenn du mehr willst: auch kein Medienkonsum bei einfachen Hausarbeiten und Beauty-Ritualen.

3. Wenn du noch mehr willst: gar keine Medien konsumieren, außer in einem Zeitfenster, das du für dich gezielt festlegst. Zum Beispiel abends einen Film gucken oder ein Buch lesen und mittags fünf Minuten auf Social Media nach dem Rechten sehen.

4. Die Königsdisziplin: ein komplettes Medien-Sabbatical. Gar keine Medien konsumieren. Keine Bücher, Zeitungen, Serien, nichts.

Ich mache grundsätzlich immer Stufe eins und 80 Prozent der Zeit auch Stufe zwei. Ab und zu verbringe ich immer mal mehrere Tage in Stufe drei. Es ist sehr erholsam. Der Sinn dieser Übung ist nicht, dich zur Nonne zu machen oder dich vom Weltgeschehen abzuscheiden. Es ist nur eine Anregung zu erkennen, wofür du die Medien in deinem Leben nutzt. Oft machen wir das nämlich, um unangenehmen Emotionen oder Langeweile auszuweichen.

SELBSTLIEBE BRAUCHT RAUM ZUM ATMEN.

ALLTAGS-BODY-LOVE

Wir können bewusst erfahrene Sinnlichkeit in alle Alltagsaktivität bringen, die uns dann immer neu in den Körper, ins Spüren und Genießen bringt. So können wir mehrmals am Tag in unsere Body Love kommen, die sich dann immer tiefer im Nervensystem verankert.

Mit dem Wasserstrahl in die Sinnlichkeit eintauchen

Jeden Tag waschen wir uns im Schnitt sechs bis zehn Mal die Hände. Die meisten Menschen sehen es als eine Notwendigkeit, die sie schnell hinter sich bringen möchten, um sich den wichtigen Dingen im Leben zuzuwenden. Aber auch diese Momente am Waschbecken sind dein Leben, und sie eignen sich wunderbar als »Pattern Interrupt«, um dich aus dem Alltags-Autopilot zu reißen. Diese zwei Minuten können direkt und langfristig einen Unterschied in deinem Nervensystem bewirken und dich emotional gesünder und resilienter machen.

HÄNDE WASCHEN MIT
ALLEN SINNEN

1. Spüre bei jedem Mal, wie deine Hände den Wasserhahn bedienen, spüre den Wasser-strahl, die Temperatur, Textur, Energie und lass das Wasser bewusst über deine Hände und vielleicht auch die Handgelenke gleiten.
2. Wasche deine Hände liebevoll und spüre, wie eine Hand die andere wäscht.
3. Trockne die Hände ebenso liebevoll ab.

Tipp zur Erfrischung: An den Innenseiten der Handgelenke liegen wichtige Venen und Arterien direkt unter der Haut. Über sie kannst du dein im Körper zirkulierendes Blut relativ schnell abkühlen. Das ist toll für heiße Tage, aber ich mag es das ganze Jahr über, es wirkt so energetisierend wie eine kleine kalte Dusche zwischendurch.

DUSCHEN ALS SINNLICHES
SPA-ERLEBNIS

Siehst du Duschen als ein lästiges Übel? Lass uns das ändern! Dabei ist es egal, wie viel Zeit du effektiv fürs Duschen hast. Mach dir bewusst, dass jede Dusche ein Reset für deine Sinnlichkeit sein kann. Duschen ist ein perfekter Selbstliebe-Anker, weil es für die Sinne so viel zu erleben gibt, das dich in die Präsenz bringen kann.

1. Wie im SPA: Bereite dir alles liebevoll vor. Hast du alles, was du brauchst, um unge-stört zu genießen?
2. Verbinde dich in der Dusche genüsslich mit deinem Körper. Wie fühlt er sich nackt an? Was kannst du mit deinen Füßen spüren? Wie fühlt sich das Wasser an? Versuche, so viel wie möglich zu spüren, während du dein ganz normales Programm durchläufst.
3. Stell dir vor, dass die Dusche dich von außen und von innen reinigt. Stell dir vor, wie alles, was du nicht brauchst, deinen Körper verlässt und unten in den Abfluss fließt.
4. Spüre, wie dich die Dusche von oben mit Energie auflädt.
5. Wenn du mehr Zeit hast: Wecke ganz bewusst jeden Körperteil auf, halte den Wasser-strahl an dein Gesicht, streichle es mit deinen Händen. Wie möchtest du berührt wer-

den? Gib dir, was du gern hättest. Wenn du magst, sprich ein paar liebevolle Worte: Was würde dein Körper gern hören?

6. Nimm dir Zeit für eine Brustmassage (siehe Kapitel »Berührt werden – über die Haut«).

7. Verbringe Zeit mit deiner Vulva. Spüre sie zärtlich und dann führe einen Finger in die Vagina. Wie geht es ihr heute? Wie fühlt sie sich heute an? Das kann auch ganz kurz sein, aber so ein täglicher Check tut eurer Beziehung einfach gut.

KÄLTE ALS TRAINING FÜRS NERVENSYSTEM

Nachdem du warm geduscht hast, kannst du das Wechselduschen nach Kneipp nutzen, nicht nur um deinen Kreislauf und deine Gefäße zu trainieren, die Nährstoffversorgung deines ganzen Körpers anzukurbeln oder dich abzuhärten, sondern um bewusst in deinem Körper Kälte und Wärme zu erleben. Bleibe dabei ganz ruhig. Der Kältereiz setzt dein Nervensystem unter leichten Stress, und so ein kontrollierter, selbstbestimmter Stress kann sehr gesund sein. Wenn du beim kalten Strahl eine Melodie summst, beruhigst du dein Nervensystem und zeigst ihm, dass du auch unter Stress entspannt und sicher bleiben kannst. Das weitet dein Stress-Toleranzfenster und macht dich resilienter.

1. Nimm den Duschkopf in die Hand, dreh auf kalt und nutze den vollen Strahl. Wenn es geht, mach ihn weich, sodass das Wasser wie aus einem Wasserschlauch geflossen kommt. Starte mit dem rechten Bein: Führe langsam und bewusst den Wasserstrahl von deiner rechten Fuß-Außenkante hoch zum Knie, zur Hüfte und dann über den Po. Ab hier gehst du nach vorn und dann an der Leiste entlang innen am Oberschenkel zum Knie und zum Fuß zurück. Wiederhole das Ganze links.

2. Dann zum rechten Arm: Fahre mit dem Strahl vom Handrücken über den äußeren Unterarm, zum Oberarm, zur Schulter und dann innen wieder nach unten zur Hand. Wiederhole das Ganze rechts.

3. Mach das Wasser jetzt angenehm warm und nimm dir mindestens dreißig Sekunden Zeit, um dich wieder gut aufzuwärmen. Dann eine neue Runde kaltes Wasser.

4. Wenn du Zeit hast, genieße drei Durchläufe und schließe mit der kalten Dusche ab. Wenn du magst, kannst du dich zum Abschluss ganz unter die kalte Dusche stellen.

Ein Bad fürs Nervensystem, Schönheit und Gesundheit

Ein warmes Magnesiumbad hilft, das Nervensystem zu regulieren und zu entspannen. Es ist unheimlich wohltuend, tröstend und sinnlich. Du kannst es abends als Einschlafwunder benutzen oder auch mal morgens machen, um dich sinnlicher in deiner Haut zu fühlen. Magnesiummangel kann zu Verspannungen und Krämpfen, aber auch zu Unruhe, Ängsten und Schlafproblemen führen. Magnesiumpräparate sind meist nicht so effektiv wie dieses Bad, sie reizen zudem oft die Verdauung und belasten die Leber. Besser ist es daher, das Magnesium über die Haut aufzunehmen, wo sich dein Körper mit Leichtigkeit genauso viel holt, wie er braucht. Dieses Bad macht übrigens auch die Haut wunderbar sanft, hilft gegen raue Stellen und Hornhaut und wirkt entzündungshemmend.

Du kannst zwischen zwei Formen wählen, beide versorgen dich hervorragend mit Magnesium. Probier beide aus und schau, was dir besser gefällt. Ich wechsle gern ab. Es gibt Magnesiumflocken bestehend aus Magnesiumchlorid, sie helfen beim Ausgleich des Elektrolytspiegels im Körper. Oder du nutzt Epsom-Salz, das ist Magnesiumsulfat, wichtig für Stoffwechselvorgänge, insbesondere im Zusammenhang mit Proteinen und Insulin. Nimm eine Tasse pro Bad. Um noch mehr zu entspannen, nehme ich ein paar Tropfen ätherisches Lavendelöl dazu. Wähle deinen Wohlfühlduft. Dieses Bad ist auch entspannend, wenn du deine Tage hast oder wenn du spürst, dass sich eine Erkältung anbahnt. Anschließend kuschelst du dich warm ein und wirst hervorragend schlafen.

Sinnliches Workout mal anders

Wäsche aufhängen, Bett machen, Spülmaschine ausräumen und so weiter – all diese oft ungeliebten Tätigkeiten werden zu einem sinnlichen Embodiment-Erlebnis und Fitnesstraining, wenn du dein Körperbewusstsein aktivierst. Das ist wissenschaftlich bestätigt: Dr. Alia Crum von der Stanford University und ihr Team haben eine faszinierende Studie mit Reinigungskräften in Hotels gemacht: Generell ist Hausarbeit eine anstrengende Tätigkeit, statistisch verbrennt man dabei 300 Kalorien pro Stunde, somit ist es mit Sport vergleichbar. Dennoch glaubten zwei Drittel der Reinigungskräfte, sie würden nicht genug Sport machen, und ein Drittel gab an, keinen Sport zu machen. Die medizinische Untersuchung aller Teilnehmer reflektierte diese Annahmen: Ihr Blutdruck, das Verhältnis von Taille zu Hüfte und ihr Körpergewicht entsprach Menschen mit Bürojobs und Bewegungsmangel.

Daraufhin haben die Wissenschaftler in vier der Hotels die Frauen in einem kleinen Vortrag darüber informiert, dass Hausarbeit mit Sport gleichzusetzen ist und dass sie mit ihrem Arbeitspensum den ärztlich empfohlenen Bedarf an Bewegung sogar übertrafen. Zusätzlich wurde ein Poster mit den genauen Statistiken in den Aufenthaltsräumen aufgehängt. Die Frauen in den anderen drei Hotels waren die Kontrollgruppe und bekamen lediglich einen Vortrag darüber, wie wichtig regelmäßige Bewegung für die Gesundheit ist. Vier Wochen später wurden alle erneut untersucht, und die Ergebnisse waren verblüffend: Die Reinigungskräfte in den ersten vier Hotels hatten an Gewicht und Körperfett verloren, ihr Blutdruck war gesunken und sie genossen ihre Arbeit mehr. Dabei hatten sie lediglich ihre Einstellung dazu verändert: Sie sahen sich selbst als aktive, sportliche Menschen. Die Kontrollgruppe zeigte keine Veränderungen.[43]

Da ist sie wieder: die Kraft unserer Geist-Körper-Verbindung. Wenn wir unseren Blickwinkel ändern, können wir unsere Biologie ändern. Lass uns Hausarbeit als Möglichkeit nutzen, unseren Körper ganz zu spüren und zu genießen! Experimentiere mit den folgenden Ideen und entwickle deine Lieblingsübungen. Es sind nicht nur tolle Embodiment-Erfahrungen. Bewusste Bewegung trainiert deine Faszien und Muskeln mehr, als wenn du dich unbewusst bewegst.

BETT MACHEN

1. Betrachte das Bettmachen als Weg, deinen Körper zu aktivieren und zu trainieren.
2. Spüre bewusst dein Herz, deine Muskeln und deine Lebensenergie.
3. Wirf die Decke in die Luft, erlebe dabei deinen Körper in Aktion. Schüttle die Decke aus, lege sie perfekt übers Bett. Schüttle die Kissen auf, lege sie so, wie sie dir gefallen.
4. Wie fühlst du dich? Energetisiert?

STAUB WISCHEN ODER SPÜLMASCHINE AUSRÄUMEN

1. Spüre mit deinen Händen jeden Gegenstand, den du berührst, sein Gewicht, seine Form, seine Textur und seine Temperatur.
2. Spür, wie deine Hände zugreifen und vorsichtig loslassen, wie deine Arme und dein Torso, dein Becken und deine Beine mit aktiv sind.

WÄSCHE AUFHÄNGEN

1. Nimm dir vor der Aufgabe eine Minute Zeit, um in deinen Körper hineinzuspüren und deine Rückseite zu aktivieren (siehe Kapitel »Stress und Wut für persönliches Wachstum«).
2. Starte deine Aktivität, während du die ganze Zeit deinen Körper spürst. Spüre, wie er sich von Seite zu Seite neigt, wie er greift und hebt. Es ist wie ein Tanz.
3. Was kannst du machen, um noch mehr Spaß dabei zu haben?

WENN WIR UNSERE
EINSTELLUNG ÄNDERN,
KÖNNEN WIR UNSERE
BIOLOGIE ÄNDERN.

LIEBE WIRD AUS MUT GEMACHT

Der Weg, sich ganz und echt zu zeigen, braucht Mut. Und er geht für die meisten von uns durch ziemlich viel Angst und Scham. Beides sind unangenehme Gefühle, die wir lieber vermeiden, was uns aber davon abhält, uns zu öffnen und möglicherweise verletzt zu werden. Wenn wir unser wahres Selbst verstecken, werden wir aber immer unter der inneren Einsamkeit leiden. Es ist deine Entscheidung: Welchen Schmerz möchtest du lieber? Die mögliche, aber vielleicht gar nicht eintretende Verletzung – oder die Einsamkeit, die dir blüht, wenn du dich nicht öffnest? Deine Body-Love-Übungen werden dich immer begleiten.

Kennst du das auch, dass du dich unter bestimmten Freunden, Bekannten oder auch in der Familie einsam fühlst? Das liegt daran, dass du dich nicht verstanden und gesehen fühlst. Die Menschen um dich herum kennen dich nicht wirklich. Oft ist das gar nicht ihre Schuld. Du traust dich nicht, ganz du selbst zu sein und dich ganz zu zeigen, aus Angst, abgelehnt zu werden.

Sich zu öffnen, sich zu zeigen, das ist eine zutiefst körperliche Erfahrung. Du zeigst Gefühle, körperlich oder verbal, und spürst dabei vielleicht einen Widerstand in deinem Körper. Dann lernst du, dich da hindurchzubegleiten, und je mehr Übung du entwickelst, desto besser wirst du in Sachen Intimität. Das ist für die meisten Menschen eine lebenslange Reise. Doch sie hat unfassbar viele schöne und berührende Momente, die das Herz öffnen. Es sind die Filmszenen, bei denen kein Auge trocken bleibt. Wir alle sehnen uns danach.

NÄHRENDE BEZIEHUNGEN

Wir sind von der Evolution her dafür optimiert, sozial und eng verbunden zu leben. Unsere Körper wissen das ganz genau. Wir sehnen uns körperlich spürbar nach Zuwendung und Nähe. Unser Nervensystem braucht andere Menschen (oder auch Tiere), um sich zu co-regulieren und so besser mit Stress und den Herausforderungen im Leben umzugehen, aber auch um das Gefühl von Liebe und Geborgenheit zu spüren, das für unsere emotionale und körperliche Gesundheit so wichtig ist.

Je mehr du deinen Körper kennenlernst, desto klarer wirst du das in ihm spüren. Du wirst sofort fühlen, zu wem du dich hingezogen fühlst, wen du lieber auf Abstand halten solltest und wie dein Körper dir zeigt, was er braucht. Wenn du dich intuitiv leiten lässt, wirst du die für dich richtigen Menschen besser finden und jegliche Intimität besser genießen können.

Bereits als Baby brauchen wir liebevolle Zuwendung, um zu überleben, und das ist im Erwachsenenalter nicht anders. Kinder sterben ohne Körperkontakt, selbst wenn sie sonst alles Lebensnotwendige bekommen. So sind Menschen, die in einer Partnerschaft leben, statistisch gesehen gesünder und leben länger als Alleinstehende. Dabei ist jedoch die empfundene Qualität der Beziehung ausschlaggebend. Je glücklicher die Menschen in der Beziehung sind, desto größer sind auch die gesundheitlichen Vorteile. Die Wissenschaft sieht die Co-Regulation hier als den größten Faktor. Während Menschen in einer glücklichen Beziehung allgemein weniger Stress empfinden und damit generell niedrigere Werte stress-sensitiver Hormone und Enzyme aufweisen, wirkt die Partnerschaft für sie in akuten Belastungssituationen auch als Stresspuffer. Sie reagieren also weniger stark auf externe Belastungen.

Das Interessante ist, dass je inniger eine Beziehung ist, desto besser kann auch die Trauerphase nach dem Tod abgedämpft werden. Es ist also immer wert, zu lieben und sich auf tiefe Beziehungen einzulassen, auch wenn wir sie verlieren können und auch wenn sie uns wehtun können. Insgesamt haben wir so mehr Liebe und Intensität in unserem Leben, aber auch mehr Resilienz und Stärke. Mehr Schönheit, mehr Leben.

Doch was können wir tun, wenn wir und unser Körper von diesem Zustand des Vertrauens weit entfernt sind? Wenn wir Angst haben, uns authentisch zu zeigen? Diese Angst ist real, und es ist wichtig, sie ernst zu nehmen. Uns selbst zu sagen, wir sollen in sozialen Situationen »mal locker werden«, ist kontraproduktiv, weil wir so das Signal bekommen, nicht in Ordnung zu sein, und nur noch mehr verkrampfen. Wenn wir uns sicher fühlen und entspannen könnten, würden wir es tun, denn Menschen wollen entspannt sein, doch oft können sie es nicht. Was wir in Wirklichkeit brauchen, sind Zeichen von Sicherheit. Zeichen, dass wir okay sind, so wie wir jetzt sind, und Zeichen, dass alles gut ist, so wie es ist. Und das gilt besonders für die Beziehung mit uns selbst, mit unserem Körper.

Der erste Schritt, den du selbst gehen kannst, um vertrauensvoller in Beziehungen zu werden, ist, deinen eigenen Körper zu respektieren. Wenn du auf deinen Körper sauer bist, weil er natürlicherweise auf Stress reagiert und sich verkrampft, dann sendest du ihm gegenüber Zeichen der Abwehr, Zeichen, die ihn stressen, Zeichen des Nichtokayseins – und dein Körper verschließt sich umso mehr. In vielen Seminaren lernen wir, unseren Körper zu beherrschen, wenn du aber versuchst, die Zeichen des Stresses, die dein Körper zeigt, zu unterdrücken, wird er sich nur noch mehr bedroht fühlen und unterschwellig Angst signalisieren. So fällt uns allen gestellte Lockerheit auf, unsere Körper können lesen, ob unser Gegenüber Stress hat oder nicht. Oft wissen wir nicht, was genau es ist, aber die Person erscheint uns »fake«, nicht authentisch, sprich: Unsere Körper wissen, dass sie ihr nicht trauen können.

Was du, außer Respekt für deinen Körper zu entwickeln, noch tun kannst: mehr mit Menschen interagieren, denen du vertraust. Die Wirkung ist am direktesten über Gesicht und Stimme. Also triff Freunde im echten Leben, Skypen, Telefonieren oder Texten sind in genau der Reihenfolge der immer schlechtere Ersatz.

Die effektivste Art für die Co-Regulation ist Spielen, Kuscheln und Sex. Diese Dinge verschieben wir in unserem hektischen Leben, in dem wir uns mit Geschäftigkeit von Angst und Ungewissheit ablenken wollen, oft auf später, wenn wir mal Zeit haben. Aber sie sind nicht trivial, sie sind keine Ablenkung, sie sind essenziell für unsere emotionale Gesundheit.

DIE KRAFT VON FRAUEN-VERBINDUNGEN

Wenn wir die Teilnehmerinnen unserer Essence-Lehrerausbildung fragen, was ihnen am besten gefallen hat, kommt fast immer: die Verbindung mit all den anderen Frauen. Meist haben die Frauen so eine vertrauensvolle Gemeinschaft unter ihresgleichen noch nicht erlebt. Denn diese Verbindungen passieren in unserer Gesellschaft leider nicht automatisch. Oft gibt es unter Frauen Spannungen und Konkurrenz.

Es gibt ein Mittel, das diese aushebelt: Offenheit und Verletzlichkeit. Wenn du offen über dich, deine Gefühle und deine Probleme sprichst und genauso offen anderen zuhörst, öffnest du Türen für Authentizität und Intimität. Dann werden Verbindungen heilsam und inspirierend. Eine Studie der University of California hat belegt, dass bei Frauen, die zusammenkommen und sich austauschen, das Liebeshormon Oxytocin ausgeschüttet wird, was uns nicht nur ein befriedigendes Gefühl von Gemeinschaft gibt, sondern uns auch entspannt und hilft, mit unserem persönlichen Stress besser umzugehen.[44] Ich empfehle dir daher sehr, dich mit anderen Frauen zusammenzutun.

Noch ein Wort zum Feminismus: Feminismus bedeutet nicht, Frauen zu bevorzugen oder Frauen nicht kritisieren zu dürfen. Es bedeutet, die Muster des Patriarchats zu erkennen und zu verändern. In Körper und Geist, im Innern und im Außen. Feminismus bedeutet nicht, Männer schlechtzumachen. Selbst wenn weiße Männer diejenigen sind, die von unserer verkrustenden Gesellschaftsordnung am meisten profitieren, heißt es nicht, dass sie nicht auch darunter leiden. Alle Menschen leiden auf ihre Art unter dem Patriarchat, und alle würden von einer gleichberechtigten Gesellschaft profitieren. Unseren Körpern auf Augenhöhe zu begegnen und uns selbst zu spüren und zu verkörpern weist uns den Weg.

Achte deine Grenzen

Dein Körper sagt dir, wo deine gesunden Grenzen sind. Wenn du wach für seine Sprache bist, spürst du genau, was sich in einer Beziehung für dich gut anfühlt und was nicht. Deine Grenzen in deinem Körper zu spüren und dann bewusst zu etablieren, kann eine wahre Kraftquelle sein, die alte Muster verändert und dich immer mehr befreit.

Wenn du nicht wirklich in deinem Körper lebst, kann es ziemlich schwer sein, Grenzen zu setzen. Insbesondere im Zusammensein mit anderen. Du bekommst die klaren Signale deines Körpers vielleicht nicht mit oder passt dich gern an, um die Harmonie nicht zu stören. Indem du aber andere so über deine Grenzen gehen lässt, gehst du selbst über deine Grenzen. Dein Körper bekommt folgende Botschaft: »Komm schon, stell dich nicht so an, deine Bedürfnisse sind nicht wichtig.« Das tut weh, und selbst wenn du gute Miene zum bösen Spiel machst, wirst du auf lange Zeit Ressentiments aufbauen. Du wirst unterschwellig wütend auf dich selbst und auf die Person, die deine Grenzen überschreitet, weil du sie ihr nicht kommunizierst.

Anderen keine Grenzen zu setzen ist ihnen gegenüber respektlos, es ist geradezu ein Anlügen. Sie wähnen sich in Sicherheit, aber du bist innerlich schon am Grollen. Manchmal sind andere Menschen echt rücksichtslos, aber oft wissen sie gar nicht, dass dich etwas stört. Oder sie wissen nicht, was genau dich stört, und können sich nicht auf dich einlassen.

Grenzen zu setzen braucht Mut, haben wir doch Angst, andere vor den Kopf zu stoßen und zu verletzen. Tatsächlich ist ein Nein oft schmerzhaft. Wir bekommen nicht, was wir wollen, und haben dann die Chance zu lernen, damit umzugehen, indem wir uns selbst emotional regulieren. Leider lernen wir all das meist nicht von unseren Eltern, weil sie es selbst nicht praktizieren. Aber es ist nie zu spät! Wenn du lernst, deine Bedürfnisse mitzuteilen und deine Grenzen zu setzen, wirst du es anderen leichter machen, mit dir zu leben, und du wirst anderen helfen, wiederum für sich einzustehen.

Deswegen mein Appell an dich: Zeig ehrlich, was du brauchst, was du dir wünschst und was für dich nicht funktioniert. Und halt die Sinne offen, wo du vielleicht, ohne es zu merken, die offenen Grenzen von anderen einrennst. Dein Körper lässt es dich spüren.

LEBE AB JETZT MIT BODY LOVE!

Wir sind am Ende dieses Buches angelangt. Ich hoffe, Body Love gefällt dir und bereichert dein Leben. Wenn du magst, platziere das Buch gut sichtbar in deiner Wohnung, sodass du immer an deinen wunderbaren Körper und eure Beziehung erinnert wirst.

Ich hoffe, du nimmst dir täglich einige Minuten Zeit für dein persönliches Body-Love-Ritual, um immer mit dir selbst verbunden zu bleiben. Um es dir noch einfacher zu machen, Body Love in deinen Alltag zu integrieren, habe ich Bonusmaterial für dich vorbereitet. Du findest es hier zum Download: **http://coco-berlin.com/de/bodylove**

Teile dein Wissen und Erleben mit den Menschen in deinem Leben, damit auch sie in ihre Kraft kommen und Teil der Body-Love-Revolution werden können. Danke für dein Vertrauen, deinen Mut und deine Hingabe. Ich würde mich freuen, dich persönlich in einem meiner Programme oder vielleicht in einer Ausbildung zu sehen.

Lass mich wissen, wie es dir mit deinem Body Love geht! Tagge und kontaktiere mich gern auf Social Media:
https://youtube.com/cocoberlin
https://instagram.com/cocoberlin_
https://www.facebook.com/likeCOCO

Wenn du #bodylovebook und #cocoberlin benutzt, kann ich deine Posts finden und sie teilen.

Deine

DANKSAGUNG

Ich danke all den Frauen in meinen Kursen und Workshops, die diese Arbeit mit ihrem Vertrauen und ihrem Feedback inspirieren. Vor allem danke ich den Frauen in unserem internationalen Lehrerteam, die so wie ich dafür brennen, das wichtige Wissen mit anderen zu teilen und die Welt so für uns alle zu einem besseren Ort zu machen.

Danke an all meine Lehrer, Mentoren, Autoren und Körpertherapeuten für ihre Unterstützung, Forschung und ihren Einsatz für die Verbreitung dieses Wissens.

Danke an meinen Agenten Jens Puppe und an das ganze Team von Penguin Random House für das Vertrauen in meine Idee, die Unterstützung meiner Vision und die Zusammenarbeit. Ein besonders großer Dank geht an Georgia Camden, die ihr Herz in die wunderbaren Illustrationen gesteckt hat.

Ein riesiges Danke an mein absolutes Dream-Team: Astrid Born, Wiebke Würdig, Sarina Bretl und Marilyn Aristot, die mich hochengagiert bei allem unterstützen und mir für das Buch den Rücken freigehalten haben.

Ich danke den großartigen Frauen, die während des ganzen Buchprozesses emotional für mich da waren: Margit Steinbauer, Anne Steinbach, Manuela Ehmer und Andrea Sokol.

Und nicht zuletzt danke ich meinem absoluten Lieblingsmenschen: meinem Mann Christoph, der seit über zwanzig Jahren mit mir durch dick und dünn geht und immer für mich da ist.

ÜBER DIE AUTORIN

Coco Berlin ist zertifizierte Beckenbodenexpertin, Bewegungstherapeutin und Autorin des Erfolgstitels »Pussy Yoga«. Sie ist die Begründerin der Methode Pelvic Floor Integration™, des SENSUOUS DANCE WORKOUT™ und der ESSENCE OF BELLYDANCE™-Programme.

Mit ihren erfolgreichen Kursen hat Coco bereits über sieben Millionen Frauen weltweit bewegt. Ihre einzigartigen Methoden werden mittlerweile in 26 Ländern unterrichtet. Sie hat mit Marken wie Hilton, L'Oréal und BMW zusammengearbeitet und ihr Programm in den wichtigsten europäischen Medien wie The Guardian, Cosmopolitan und BBC vorgestellt. Im Mittelpunkt von Cocos Arbeit steht immer der Körper: ihn sinnlich zu entdecken und liebevoll anzunehmen. Die Autorin reiste mit ihrem Mann mehrere Jahre um die Welt. Heute leben und arbeiten die beiden in Spanien.

Weitere Infos unter: www.coco-berlin.com

ÜBUNGSVERZEICHNIS

ANMERKUNGEN

1   Neue Daten zeigen, dass Facelifts seit 2020 um 54 Prozent, Brustoperationen um 48 Prozent und Körperbehandlungen um 63 Prozent zugenommen haben, angeführt von der Fettabsaugung. Aesthetic Plastic Surgery National Databank Statistics for 2020-2021, 2021 https://www.theaestheticsociety.org/media/procedural-statistics (zuletzt abgerufen am 13. Dezember 2022).

2   New York Times, Jessica Schiffer, April 8, 2021, »How Barely-There Botox Became the Norm«, https://www.nytimes.com/2021/04/08/style/self-care-how-barely-there-botox-became-the-norm.html (zuletzt abgerufen am 13. Dezember 2022).

3   Bromis, K., et al.: Meta-analysis of 89 structural MRI studies in posttraumatic stress disorder and comparison with major depressive disorder (published online July 19, 2018). *Am J Psychiatry*. doi: 10.1176/appi.ajp.2018.17111199.

4   Gerhard Hüther: »Wie Embodiment neurobiologisch erklärt werden kann« in: Storch, M., et al.: Embodiment – Die Wechselwirkung von Körper und Psyche verstehen und nutzen. Huber Verlag Bern, 2006.

5   Moshé Feldenkrais: Awareness Through Movement. Health Exercises For Personal Growth, Middlesex 1972, 1977.

6   Maria Sanchez: Die revolutionäre Kraft des Fühlens, München 2019.

7   Dias, B., Ressler, K.: Parental olfactory experience influences behavior and neural structure in subsequent generations. *Nat Neurosci* 17, 89–96 (2014). https://doi.org/10.1038/nn.3594.

8   Lin, B., et al. : »Gender Stereotypes about Intellectual Ability Emerge Early and Influence Children's Interests«, Science, January 27, 2017, 355(6325): 389-391.

9   Roelofs, K.: Freeze for action. Neurobiological mechanisms in animal and human freezing. Philosophical Transactions of The Royal Society of London Series B-Biologic. 2017 Apr 19;372(1718):20160206. doi: 10.1098/rstb.2016.0206.

10 Dr. Eugene Gendlin, der Begründer der Focusing Therapie nennt sie Carrying Forward. Gendlin, E. T.: The new phenomenology of carrying forward. *Continental Philosophy Review, 37*(1), 127-151, 2004. http://previous.focusing.org/gendlin/docs/gol_2228.html (zuletzt abgerufen am 13. Dezember 2022).

11 Eugene T. Gendlin: Focusing, New York 1978.

12 Peter A. Levine: Trauma-Heilung: Das Erwachen des Tigers. Unsere Fähigkeit, traumatische Erfahrungen zu transformieren, Synthesis 1998.

13 Bordoni, B., Lagana, M. M.: Bone Tissue is an Integral Part of the Fascial System. Cureus. 2019 Jan 3;11(1):e3824. doi: 10.7759/cureus.3824.

14 Dr. Jen Gunter: Podcast »Body Stuff With Dr. Jen Gunter: Can A Chiropractor Really Fix My Back«, July 2022, www.ted.com/podcasts/can-a-chiropractor-really-fix-my-back-transcript (zuletzt abgerufen am 13. Dezember 2022).

15 Ten Brunke, L.: Some evidence for unconscious lie detection. Psychological Science, 25, 1098-1105, 2014.

16 Gevaris, Sarah J., et al.: »When What You See Is What You Get«, Psychology of Women Quarterly, Januar 25, 2011, 35/19, 5-17.

17 Anodea, J.: Charge and the energy Body. The Vital Key to Healing your Life, Your Chakras and your Relationships, 2018 Carlsbad, US.

18 Hamilton, D. R.: The Five Side Effects of Kindness, London: Hay House 2018. Ders.: The Little Book of Kindness, London: Gaia 2019.

19 Harvard Medical School, Harvard Health Publishing: »Takotsubo cardiomyopathy (broken-heart syndrome)«, Mai 2022, https://www.health.harvard.edu/heart-health/takotsubo-cardiomyopathy-broken-heart-syndrome (zuletzt abgerufen am 13. Dezember 2022).

20 Cuddy, A.: The Benefit of PowerPosing Before a High-Stakes Social Evaluation, Harvard Business School Working Paper, No. 13-027, 2012. http://nrs.harvard.edu/urn-3:HUL.InstRepos:9547823 (zuletzt abgerufen am 13. Dezember 2022).

21 Weisfeld, Glenn E., Beresford, Jody M.: Erectness of posture as an indicator of dominance or success in humans, Detroit 1982.

22 Levine, J. D., et al.: »The mechanism of placebo analgesia«, The Lancet, 312(8091), 1978, pp.654-657.

23 Thomas, K. B.: »General practice consultation: Is there any point in being positive?« British Medical Journal, 294(6581), 1987, pp1200-1202. Rief, W., et al.: »Preoperative optimization of patient expectations improves long-term outcome in heart surgery patients: Results of the randomized controlled PSY-HEART trial«, BMC Medicine, 15(4), 2017, pp.1-13.

24 Ranganathan, V. K., et al.: »From mental power to muscle power - gaining strength by using the mind«, Neuropsychologia, 42(7), 2004, pp.944-956.

25 McGonigal, Kelly: »The Joy of Movement: How exercise helps us find happiness, hope, connection, and courage«, 2019, New York.

26 Jabr, Feris: »Let's Get Physical: The Psychology of Effective Workout Music« in Scientific American, März 2013.

27 Spektrum Lexikon der Psychologie: Waisenkinderversuche. https://www.spektrum.de/lexikon/psychologie/waisenkinderversuche/16645 (zuletzt abgerufen am 13. Dezember 2022).

28 Gallace, A., et al.: The analgesic effect of crossing the arms. Pain 152(6), 2011, 1418-23.

29 Die Top fünf der ungeliebten Körperteile in Deutschland: Bauch (46 Prozent), Oberschenkel (30 Prozent), Po (15 Prozent), Unterschenkel (13 Prozent) und Füße (11 Prozent) Quelle: Psychonomics AG, Befragung von 1000 Frauen, 2008.

30 Susana Martinez-Conde und Stephen L. Mackink in https://www.scientificamerican.com/article/illusory-scenes-fade-in-out-view (zuletzt abgerufen am 13. Dezember 2022).

31 Berkovich-Ohana, A., et al.: Repetitive speech elicits widespread deactivation in the human cortex: the »Mantra effect«?, Brain and Behavior, 5(7), 2014, pp.1-13.

32 Morgan, Ian G., et al.: How genetic is school myopia?, The Lancet, Vol. 379, Issue 9827, P1739-1748, MAY 05, 2012. https://www.thelancet.com/pdfs/journals/langlo/PIIS0140-6736(12)60272-4.pdf (zuletzt abgerufen am 13. Dezember 2022).

33 Dr. Colleen E. Carney, Podcast Interview: Body Stuff by Dr. Jen Gunter https://www.ted.com/podcasts/do-you-really-need-8-hours-of-sleep-transcript (zuletzt abgerufen am 13. Dezember 2022).

34 Reiss, Benjamin: Wild Nights. How Taming Sleep Created Our Restless World, 2017, New York.

35 Barron, Jesse: Letter of Recommendation: Segmented Sleep, 2016, New York Times.

36 DAK Gesundheitsreport 2017, Hamburg, Hrsg: Andreas Storm.

37 Das Schlaf-Staging des Oura-Rings zum Beispiel stimmte nur in etwa 66 Prozent der Fälle mit der Polysomnographie überein (dem Goldstandard der wissenschaftlichen Schlafanalyse, die man in einem Schlaflabor erhalten würde). Hannu Kinnunen: Sleep Lab validation of a wellness ring in detecting sleep patterns based on photoplethysmogram, actigraphy and body temperature (Ouraring, Oulu, Finland) Feb 9, 2016.

38 New York Times: The Oura Ring Is a $300 Sleep Tracker That Provides Tons Of Data. But Is It Worth It? Justin Redman, 27. Juli 2021.

39 Vatansever, D., et al.: Default mode contributions to automated information processing, 2017 St. Louis.

40 Firth, J., et al.: The »online brain«: How the Internet may be changing our cognition. World Psychiatry. 2019 Jun;18(2):119-129. doi: 10.1002/wps.20617.

41 He, Q., Turel, O., Bechara, A.: Brain anatomy alterations associated with Social Networking Site (SNS) addiction. Sci Rep. 2017 Mar 23;7:45064. doi: 10.1038/srep45064.

42 Tamir, D. I.; et al.: »Media usage diminishes memory for experiences«, Journal of Experimental Social Psychology, Volume 76, 2018, P. 161-168, doi.org/10.1016/j.jesp.2018.01.006.

43 Crum, A. J., Langer, E. J.: Mind-set matters: Exercise and the placebo effect. Psychol Sci. 2007 Feb;18(2):165-71.

44 University Of California,Los Angeles: Key Biobehavioral Pattern Used By Women To Manage Stress. ScienceDaily, 22 May 2000. www.sciencedaily.com/releases/2000/05/000522082151.htm (zuletzt abgerufen am 13. Dezember 2022).